졸졸붓

졸졸붓

이삼우 수필집

수필과비평사

| 책을 내면서 |

어릴 적, 얼굴도 모르는 할아버지 신위 앞에 절을 하면서 문득문득 궁금했다. 할아버지는 생전에 어떤 모습으로 살다 가신 분이었을까. 가슴에 와닿는 추억 한 자락 없으니, 헛제사를 지낸 듯 추모의 정이 일렁이지 않았다.

그 아이가 어느덧 여섯 아이의 할아버지가 되었다. 비록 헐렁하게 걸어온 삶이었지만 때때로 깐줄기를 드러내고 싶은 갈증이 있었다. 이것이 수필 입문의 소박한 동기이자 목표였다.

겨를 없이 살아왔던 생이라 글 또한 두서없이 써 내려갔다. 응어리진 고뇌나, 심연이 웅숭깊지 못해 타오르는 목마름이나 절절함을 제대로 엮어내지 못했다. 손주들이 내 글을 읽고 오롯이 이해할 나이쯤이면 나는 갓을 쓴 학생 부군 신위가 되어 있을지도 모른다. 그때 내 영혼과 마주할 손주들이 독서를 통하여 따뜻한 가슴과 선한 눈으로 세상을 바라볼 수 있는 풋풋한 젊은이기를 소망한다.

몇 년 전 등단을 축하하는 며느리와의 통화 중에 손녀가 대화 속을 비집고 혀짧은 소리로 나에게 불쑥 물어온 말이 있었다.

"할아버지, 수필가가 뭐 하는 것이에요? 좋은 거예요?" 숙고의 시간이 흘렀음에도 나는 아직도 대답할 말이 선뜻 떠오르지 않는다.

손자 세윤, 시윤, 로윤, 손녀 유림, 유주, 채윤에게 서툰 필력으로 거칠게 써 내려간 《졸졸붓》 한 권 남긴다. 헌신과 정성으로 내 건강을 돌봐준 아내와 든든한 후원자들인 아들과 며느리에게 고마움을 전한다.

내 인생 후반을 뒤설레게 한 소중한 글 다릿돌을 놓아주신 스승께 감사드린다. 또한 함께 글꽃을 피운 동서대 수필아카데미 문우들의 응원을 기다린다.

2024년 유월의 어느 날
秀月 이 삼 우

| 차례 |

책을 내면서

제1부
센 녀석이 온다

줄탁동시 · 12
센 녀석이 온다 · 15
졸졸붓 · 20
졸의 전성시대 · 24
앉은뱅이책상 · 29
황금 열쇠 · 34
분방 · 39
윤 여사네 성주탕 · 44

제2부
비룡이 나르샤

비룡이 나르샤 · 50

석심 · 56

선을 넘다 · 61

거울 전 상서 · 66

어찌 이런 일이 · 70

4월의 바람꽃이 되어 · 74

어목혼주 · 78

여의도 수박 · 82

제3부
술잔 속의 폭풍

술잔 속의 폭풍 • 88

학생 부군 신위 • 93

가까이서 멀리 • 97

솥단지를 걸다 • 102

충장대로의 하루 • 106

나의 부처님 • 111

댕기 등대 • 116

촉루燭淚 • 121

제4부
노필의 품격

홀컵과 백팔번뇌 • 126
비자금 • 131
노필의 품격 • 136
비무장지대 • 141
새끼손가락 • 145
입빠이 • 149
팔선생 • 154
아무 일도 일어나지 않았다 • 159

제5부
한칼에 베다

한칼에 베다 · 164

불나비 · 168

군사 우편 · 173

다섯이 하나되어 · 177

벽문어 · 181

가마니틀 · 186

그림 액자 · 191

가까이하기에는 먼 당신 · 195

| 작품해설 | **해학담론과 존재성 회복 – 김정화** · 200

제1부

센 녀석이 온다

줄탁동시
센 녀석이 온다
졸졸붓
졸의 전성시대
앉은뱅이책상
황금 열쇠
분방
윤 여사네 성주탕

줄탁동시

지하철 퇴근길이다. 지상행 엘리베이터 안에는 나 혼자다. 문이 서서히 닫힐 무렵, 전방에서 삼십 대 후반으로 보이는 여인이 승강기를 향하여 잰걸음으로 다가온다. 나는 함께 탈 생각으로 급하게 문을 열어준다는 것이 닫힘 화살 단추를 누르고 말았다.

달려오는 여성의 노란 스카프가 문틈으로 언뜻 보였다가 사라졌다. 그 사이 문이 꽉 닫히고 만 것이다. 아뿔싸! 열림 단추를 본능적으로 화다닥 다시 눌렀다.

줄탁동시啐啄同時.

듀엣의 환상적인 콜라보로 모세의 기적처럼 스르르 문이 열린다. 나는 그녀와 빛나는 텔레파시가 통했다는 생색에 득의양양했다. 속물근성은 숨길 수 없는 코딱지 같은 것이어서 수더분한 그녀를 슬쩍 훔쳐보았다. 당연히 감사의 눈빛이 오가야 한다는 보상심리가 꿈틀거렸기 때문이다. 그러나 그것은 엄청난 착각이었다. 그녀의 눈매는 맵차서 심상찮았고 쪼잔하다고 비웃는 듯, 낯빛은 뽀로통 부어오르고 있었다.

어, 이게 뭐지. 내 딴에는 신사도를 발휘했건만 승강기 안은 얄궂은 침묵으로 후덥지근하다. 으레 합승을 기다려 주었다면 "감사합니다." 또는 "고맙습니다."라는 말이 건너오고 "뭘요." 하며 조금은 가들막대는 인사치레로 훈훈한 분위기를 기대했지만 어이없게도 새꼬롬하고 냉랭하기까지 하다.

괜스레 군기침이 나왔다. 이 고약하고 난감한 동상이몽의 발단이 어디에서 비롯된 걸까. 어디, 그녀 처지에서 역지사지 심정으로 되감아 보자.

그러니까, 내가 혼자 살겠다고 허겁지겁 문을 닫으려는 싹수없는 인간으로 오해하였던 것이고, 성깔머리 돋친 그녀는 단거리 선수처럼 달려와 기어이 문짝을 열어젖히고 골인한 상황이렷다.

자신의 힘으로 닫힌 문을 열었다고 철석같이 믿는 여인은 잘생긴 나의 낯짝이 얄미워서 한 대 쥐어박고 싶은 게다. 곱게 늙을 것이지. 배려하는 마음이라고는 겨자씨만큼도 없는…. 속으로 욕지거리 뱉어내며 씩씩대는 장면이 얼추 이해된다.

병아리는 하릴없이 부리만 깨어지고 정작 품어 주어야 할 어미 닭은 미운 오리 새끼 보듯 뻘쭉하다. 버선코를 까뒤집을 수도 없는 노릇이라 코를 박고 모르쇠로 시치미 뚝 떼는 수밖에.

엘리베이터가 지상에 닿자 암팡진 그녀, 암탉처럼 나를 한 번 힐긋 쪼아보고는 푸드덕 홰를 치며 날아가 버린다.

삐약, 삐약, 나 어쩌···.

센 녀석이 온다

햇살이 넘실거리는 주말 오후다. 소파에 상체를 파묻고 TV를 보면서 졸고 있을 무렵이다. 휴대전화의 컬러링이 절간 같은 집의 정적을 깨뜨린다. 며느리의 전화다. 손자 녀석이 할머니 보고 싶다며 보채는 통에 집에 오겠단다. 아들네는 우리 부부가 사는 아파트에서 멀지 않은 곳에 살고 있다.

안방에서 주말드라마를 보다가 선잠이 들었던 아내도 손자가 온다는 전화에 화들짝 놀라 일어난다. "집안 청소를 안 했는데…." 혼자 말하듯 웅얼웅얼한다. 본인이 청소하겠다는 의사 표시도 아니고 옆에 어슬렁거리는 남편한테 부탁하는 것도 아니다. 삼인칭 유체 이탈 화법이다. 아내는 잠이 덜 깬 푸석한 얼굴로 거울을 보더니 안 돼! 하며 재빠르게 샤워실로 들어가 버린다.

노부부만 사는 집안에 비상이 걸렸다. 정확히 말하면 내가 비상이 걸린 것이다. 우리 집 부부의 암묵적 역할 분담대로 일사불란하게 움직여야 할 상황이 일어난 것이다. 귀빈 맞이 '의전 수칙' 교본대로 각자 위치에서 신속하게 대응해야 한다. 아내는 샤워장으로, 나는 미적댈 것 없이 청소 도구가 있는 다용도실로 내닫는다.

1단계는 먼지 청소다. 평소 짝다리로 빈둥거리고 있는 다이슨 청소기에 갓 구워낸 토스트처럼 따끈따끈한 배터리를 장전한다. 작동 스위치를 최강으로 올리고 큰방, 작은방, 더 작은방, 거실 순으로 이동한다. 진공청소기도 방 세 개까지는 신명이 나 앵앵거리며 먼지를 게걸스럽게 빨아들인다. 하지만 쌤통이 도졌는지, 아니면 힘에 부치는지 덜덜거리다가 예고 없이 멈추어 선다. 매번 당하는 일이지만 배터리 방전을 예측할 수 없어 조바심이 일고 감질난다. 그놈이 시작은 늘 호기롭게 껍적대지만, 뒷심이 부족한 주인장을 닮았는지 끝내기가 시원찮아 혼자 피식 웃는다.

하는 수 없이 거실은 한물간 수동식 청소기로 마무리할 즈음, 절묘한 타이밍에 아내가 샤워장에서 온기를 뿜으며 나온다. 부스스한 모습은 간곳없고 발그스레한 얼굴이 뽀송뽀송 빛이 난다. 물기 머금은 머릿결을 수건으로 싸맨 채 부엌으로 치닫는다. 온갖 핑계를 대며 뭉그적거린 설거지가 생각난 모양이다. "하루 전날이라도 연락하지. 이렇게 갑자기 오면 어쩌라고…." 그러면서도 손자 볼 생각에 마음이 들떴는지 개수대에 그릇 부딪히는 소리가 소란스럽다. 저러다가 접시 한두 개는 이가 빠져나가지….

처음 한두 번은 손자 생각하는 아내의 마음 씀씀이에 감동했지만, 매번 요란하게 대청소하는 이유가 반드시 손자 때문만이 아니라는 걸 알아차렸다. 며느리한테 흐트러진 살림살이를 보여주지 않으려는 시어머니의 야무진 속내가 숨어 있다는 것을 간파한 것이다. 그렇지 않고서야, 대소변 겨우 가리는 아이에게 부엌 설거지와 화장실 청소는 무슨 상관이 있을까. 평소 살고 있는 모습 그대로 보여주면 어디가 덧나는지 모르겠다.

2단계는 바닥 물걸레질이다. 초등학교 시절 공부 시간에 떠들다가 벌칙으로 복도 청소하던 추억을 떠올린다. 대걸레로 죽죽 밀어 후다닥 해치운다. 실전 경험상 청소 잘하는 요령은 터득하고 있다. 보이지 않는 곳을 홈파듯이 꼼꼼하게 닦는 것은 아내처럼 빈틈이라고는 없는 하수가 하는 청소법이다. 고수는 청소한 흔적을 여기저기에 요란하게 남기는 것이 상책이다. 식탁 의자도 여러 개 빼놓고 화분도 옮겨놓는 등 최대한 어지럽히며 부산을 떨어야 한다. 물기가 자르르 흐르도록 닦는 시늉을 해야 알뜰하게 청소한 것으로 인정받는다.

3단계는 화장실 청소다. 아내가 전담하는 구역이지만 지금은 시간이 촉박한 상황이라 앞뒤 잴 여유가 없다. 바닥에 세제를 뿌리고 타일 사이에 끼인 얼룩을 칫솔로 빡빡 밀어서 씻어낸다. 벽면과 거울에는 샤워기로 시원하게 물을 뿌려 생생한 물증을 남긴다. 클라이맥스는 하기 싫은 변기통 청소다. 샴푸와 린스를 듬뿍 투입한다. 환상적인 배합으로 변기에 거품이 부풀어 오르고 물을 내릴 때마다 상큼한 샴푸 향이 통통 튀어 오른다. 물론 아내가 이 사실을 알면 기겁할 일이다.

 내 얼굴에도 송골송골 구슬땀이 맺히고 온 집안은 물기로 번드레하다. 아내도 부엌에서 어느새 안방 화장대로 옮겨 앉아 얼굴 손질하기 바쁘다. 그녀는 평소에 굼뜬 편이지만 손자가 오는 날은 전설의 복서 알리처럼, "벌처럼 쏘고, 나비처럼" 날아다닌다. 겨우 세 살배기 녀석이 할머니를 춤추게 하는 힘이 어디서 나오는지 놀랍고 부럽기만 하다.

 갈무리는 가재도구의 손걸레질이다. 내가 유일하게 손자를 생각하며 할아버지의 이름으로 정성을 쏟는 일이다. 아이의 고사리 같은 손이 닿을 곳은 매의 눈으로 먼지 한 톨 없이 털어내고 닦는다. 눈높이에 있는 가구랑 소파도 위생 거즈로 훔치고 알코올 티슈로 마무리한다. 장난감도 세제로 씻은 후 드라이기로 말려서 보기 좋게 창틀 여백에 도열시킨다.

 어느덧 아내도 치장을 끝내고 거실로 나선다. 곱게 그린 눈썹에 립스틱까지 바른 아내 얼굴이 왠지 낯설어 보인다. 맨날 입던 월남치마 대신 우아한 실내복으로 갈아입고서는 내가 청소한 구역을 돌아보며 내무사열을 취한다. "수고했네요.

얼렁뚱땅 잘하네…." 말 뒤끝을 흐리며 영혼 없는 인사치레를 건넨다. 고래가 유영하는 수정궁이 아니니 화끈하게 칭찬해 주는 매뉴얼 항목은 없는 모양이다.

나도 샤워하고 정갈한 옷으로 갈아입는다. 청소하면서 입었던 불결한 옷으로 귀빈을 맞을 수 없다는 위생 수칙의 부칙조항에 따른 것이다. 내가 어릴 때는 쫀득쫀득한 진흙도 주워 먹고, 소금도 귀한 때라 학교에서 용의 검사 하는 날은 잔모래로 누런 이를 닦기도 했었다. 어머니가 씹어 주는 음식을 넙죽넙죽 받아먹는 밥물림에도 지금껏 탈 없이 잘 살아왔는데 요즘 아이들은 유별나긴 하다. 더없이 깨끔을 떨지만 감기와 기침은 달고 산다.

드디어 며느리 일행이 출두할 시간이 되었다. 이 집안의 씨종자를 앞세워 개선장군처럼 입장할 것이다. 마침내 벨이 요란하게 울린다. 딩동! 딩동! 서열 1번이 자신의 존재감을 알리며 까치발로 초인종을 눌러 댄다. 황급히 문을 열어주자, 무소불위 손자가 며느리 손을 잡고 현관으로 들어선다. 졸지에 서열 3위로 밀려 나간 아들이 유아용품 가방을 들고 뒤따라 들어온다. 녀석이 할아버지와 얼굴이 마주치자마자 재첩같이 앙증맞은 눈을 반짝이며 느닷없이 총을 쏘아댄다.

"할부지, 빵! 빵!"

나는 그만 정신을 잃고 앞으로 푹 꼬꾸라진다.

졸졸붓

부임 후 첫 업무를 시작한다. 인사이동 관련 공문이다. 방금 출력한 듯 온기가 느껴지고 프린트 냄새가 상큼하다. 상위 왼쪽 안주머니에서 만년필을 꺼낸다. 뚜껑을 왼쪽으로 천천히 돌리며 은빛 펜촉이 드러나기를 기다린다. 설렘이 손끝에 모이면서 내 이름으로 서명한다. 진청색 잉크가 펜촉으로 흘러나오면서 종이 위에 서걱거리는 감촉이 부드럽다. 순탄하지 않았던 삼십여 년의 공직 생활이 주마등처럼 스쳐 간다.

몽블랑 만년필은 내가 스스로 내린 포상이다. 바람 잘 날 없는 조직 사회에서 흔들림 없이 자신을 지켜낸 가상함에 대한 보상이다. 아내가 먼저 축하 기념으로 선물하겠다는 것을 굳이 만류하고 내 손으로 직접 골라서 구매한 만년필이다. 유년 시절, 만년필은 나의 로망이었다. 교복 윗주머니에 파카 만년필을 훈장처럼 꽂고 다니던 형들이 얼마나 멋있고 부러웠는지 모른다.

몽블랑 만년필을 눈여겨보면 다비드의 '서재에 있는 나폴레옹'의 모습을 연상하게 된다. 성근 머릿결, 푼더분한 얼굴, 살짝 삐져나온 배 둘레, 다부진 몸매가 옹골차다. '별 모양의 하얀 눈' 로고를 선명하게 머리에 새기고 있다. 까맣게 윤기가 흘러내리는 허리춤에 혁대를 두르고 알프스산맥의 몽블랑에서 설한을 견디며 단련한 몸이다. 묵중한 위엄이 서린다. 상의를 벗으면 몽블랑 문양이 새겨진 은빛 백금 촉이 푸른 눈을 뜬다.

편지나 글 쓸 일이 점점 줄어든다. 서류가 사라지고 키보드만 툭 치면 전자결재가 순식간에 이루어진다. 권위와 위엄으로 문서를 뒤적이던 높은 양반들은 싱겁기 짝이 없는 노릇이다. 글씨 쓰는 게 익숙하지 않아 만년필의 가치는 점점 뒷전으로 밀려나고 있다. 더러 고집스러운 문인들이 만년필로 글꽃을 피우며 예스러움을 이어가고 있을 뿐이다.

출근할 때마다 안주머니를 더듬어 그의 안위를 확인해 본다. 몇 년 전에 갑자기 사라져 크게 상심한 적이 있었다. 제때 잉크 밥을 챙겨주지 못해 굶긴 적은 있었지만, 그것이 불만이었을까. 무단가출로 행방이 묘연했다. 한 해가 다 가도록 애간장을 태우더니 침구를 옮기면서 기적 같은 상봉이 이루어졌다. 침대 밑에서 먼지를 뒤집어쓴 채 토라져 있는 그와의 해후는 지금 생각해도 짜릿하다. 집 나간 자식이 고개를 떨구고 부모 품에 안기는 모습이랄까.

  그는 나에게 어떤 존재일까. 세상에 단 하나뿐인 명품이기도 하지만 내 숨결과 손때가 묻어 있는 애장품이자 애물단지 같은 녀석이다. 전투 중 부상으로 몽블랑 제조공장까지 후송 전력이 있는 역전의 용사다. 책상에서 굴러떨어져 만년필촉이 꺾이는 사달이 일어나 후송 헬기에 실려 독일로 날아갔다. 달 반 가까이 지나서야 성한 몸으로 돌아왔지만, 기력이 예전만 못한 것 같아 속상하고 애잔하다. 철없는 가출로 속을 끓이고, 큰 부상으로 노심초사하며 싹튼 애증이 펜촉 끝에 뚝뚝 흘러내린다. 악기를 생명처럼 다루는 연주가처럼, 글을 쓸 때마다 그를 향한 마음이 시종 애만지고 그윽해진다.

  몽블랑 만년필은 장인정신의 손길과 혼이 담긴 예술품이다. 검집에서 전광석화같이 칼을 뽑아 상대를 겨누는 것이 검법의 생명이라면, 몽블랑 만년필은 뚜껑 윗부분을 천천히 돌려 삼각편대 일지창一枝槍이 드러날 때까지 느림의 미학을 추구한다. 인생을 관통하면서 마주치는 결단의 순간, 글을 쓰거나 서명할 때도 '거스르며 서둘지 말라.'라는 우생마사牛生馬死의 뜻이 펜심을 여는 나선螺線 결에 숨어 있는 것이 아닐까. 촌철살인, 촌철활인같이 사람을 죽이고 살릴 수 있는 펜의 위력은 검보다 강하다. 글을 쓸 때 진중하고 심사숙고하라는 가르침이다.

펜촉이 마음 길 따라 뭉근하다. 품어내는 글 속에는 푸른 잉크 빛 묵향이 초근하게 흐른다. 책을 보다가 맘에 와닿는 글귀에 밑줄 쓱쓱 그어가며 읽는 재미가 여간 쏠쏠하지 않다. 문득 떠올린 시상을 놓칠세라 메모지에 갈겨쓰는 묘미는 또 어떻고. 우리말 사전에서 만년필을 '물이 졸졸 흐르듯 붓 가는 대로 써진다.'라는 의미로 '졸졸붓'이라고도 한다니 이 얼마나 아름답고 예스러운 이름인가. 우리네 팍팍한 삶도 졸졸 흐르는 붓처럼 순항했으면 좋으련만 세상만사 뜻대로 되지 않는 게 사람살이다.

나는 부모의 손길이 닿은 유품을 단 한 점도 물려받지 못했다. 추모의 마음뿐, 추억할 날가지 하나 없어 마음 한구석이 늘 쓸쓸했다. 훗날 나는 무엇을 남기면 좋을지 곰곰이 생각해 본다. 속내 같아서는 내 만년필로 써 내려간 수필집 한 권과 졸졸붓을 건네고 싶은 마음이다. 하지만 그게 어디 예사로운 욕심인가. 갓 걸음마 수준의 필력이지만 오달진 생각을 품어본다. 나도 까치밥나무 우듬지에 걸린 홍시처럼, 어버이를 그리워할 추억 한 자락 정도는 남겨도 되지 않을까.

오늘도 졸졸붓 진청색 물빛으로 오래전 흔적도 없이 사라진 그곳, 고향 언덕을 그리움으로 써 내려간다.

졸의 전성시대

오래전 일이다. 국회의원과 장·차관 등 일부 권력층 자녀의 병역 비리로 나라가 떠들썩하니 시끄러웠다. 멀쩡한 젊은이가 징병 신체검사에서 힘 있는 아빠 기회를 이용해 장애인 등급 판정을 받아 입대 면제를 받은 사례가 드러났다. 자식을 군대 보낸 대부분의 일반 국민은 울분을 터뜨리며 분노했다. 국민의 여론이 싸늘해지자 급기야 공무원 사회에도 불똥이 떨어졌다. 4급 이상 간부급은 공직자 본인뿐만 아니라 자녀에 대한 병적 증명서를 제출하라는 공문이 하달되었다.

병무청을 찾았다. 민원실에서 신청 서류를 제출한 지 얼마 안 되어 프린트기에서 병적 기록 서류가 스르륵 미끄러지듯 출력되었다. 직원이 무심코 병무청장 직인을 찍으려다가 유심히 서류를 훑더니 자리에서 벌떡 일어난다. 뭐가 잘못됐나 싶어 의아한 눈으로 담당 직원을 올려보니 그가 허리를 굽히고 깍듯이 인사한다.

"애국자 집안이시네요. 존경합니다."

어라, 뜬금없이 애국자 집안은 무엇이며 존경은 또 무슨 말인가.

"아니…."

말귀를 알아듣지 못해 더듬거리며 어리둥절한 나에게 직원이 공손하게 대답한다.

"한 집안에 병장을 넷이나 배출했으니 4성 장군 부럽지 않지요."

"…아, 네."

돌아오는 지하철에서 병적 서류를 찬찬히 훑어보았다. 늙수그레한 노병을 비롯해 첫째, 둘째, 셋째 아들 모두 육군 병장으로 만기 전역한 내용이 연도별로 기록되어 있었다. 나의 병장 계급장 표식은 황금색 줄 막대기 네 개, 아들 셋의 계급장은 검은 줄 막대기다. 최 일선 분대장급 지휘관을 네 명이나 배출한 가문이니 4성 장군도 부러울 게 없다는 말이 허언으로만 들리지 않는다. 나를 기준으로 집안 병역 가계도를 그려보면 친형과 사촌들도 국방의무를 완수했다. 친손자까지 3대가 군 복무를 이행한다면 병무청에서 수여하는 '병역명문가'로서 가문의 영예를 누릴 수 있겠다는 소망도 가져본다.

나는 이 년 터울로 아들 셋을 두었다. 딸 가진 친구들은 죄 없는 나를 두고 목메달 아버지라고 놀린 적도 있었다. 거침없이 내리 세 번의 스트라이크로 4번 타자도 삼진아웃으로 머쓱하게 돌려세운 괴력의 투수를 목메달이라니. 큰아들이 대학 이 학년이 되던 해 입영통지서가 나와 의경으로 입대했다. 첫정의 첫 경험인 아내는 맏이를 군대에 보내놓고 한동안 사로잡으로 밤을 보냈다.

첫째가 어느덧 짬밥이 쌓여 신병 길들이며 모범 수경으로 경찰청장상을 받으며 승승장구할 무렵 이번에는 둘째가 해병대에 지원한다고 라식 수술을 해 달라고 했다. 자식을 해병대에 입대시키려고 목돈 들여 라식 수술까지 하게 될 줄은 몰랐지만 내심 자랑스러웠다. 행인지 불행인지 해병대 지원이 불합격되자 아내는 천만다행이라며 놀란 가슴을 쓸어내렸다.

우향우! 둘째 아들은 방향을 틀어 육군에 입대했다. 6주간의 지옥 같은 신병훈련 끝에 최우수 훈병으로 사단장 표창을 받는 일이 일어났다. 공부 잘해 받는 우등상도 아니고 예기치 못한 상이었다. 입대 전 선임 병장 아버지가 신신당부했었다. "군대 가거든 중간만 하고, 남보다 앞서지 말라." 하였거늘 철없는 아들은 아버지의 명을 거역하고 뚝 잘라 먹고 말았다. 특공부대에 배속되었다. 사단장 표창으로 원하는 부대로 갈 수 있는 특전을 걷어차고 군기가 서릿발 같은 특공대에 지원했다니. 집안의 애물단지가 따로 없었.

큰아들이 제대 말년이라 내무반에서 뒹굴뒹굴할 때, 둘째는 일병이 되었다. 칼주름에 군복 바짓가랑이 밑단에 링을 채워 멋 부리며 병영 생활에 물이 올랐을 무렵, 캠퍼스에서 낭만을 만끽하던 막내가 드디어 입대하여 형제 셋이 현역 군졸이 되어 가문의 빛나는 졸卒의 전성시대를 맞이했다.

자식 병영 농사를 깔밋하게 갈무리하니 묵은 숙제를 해치운 듯 개운했다. 남들처럼 힘 있는 아버지가 되지 못해 미안하다는 생각이 손톱만큼도 없었다. 적어도 내 아들들만은 모름지기 국방의무만은 확실하게 완수해야 사회생활도 떳떳하게 할 수 있다는 신념이 확고했기 때문이었다. 유년 시절, 병역기피로 낮에는 산속에 숨어 있다가 밤에 살쾡이처럼 찾아드는 마을의 아는 형을 보면서 다짐한 일이었다.

아들의 군 생활 중 아내가 노심초사하던 일도 더러 일어났다. 큰아들이 병영 생활 중 귀 고막이 찢어지는 사고가 있었다. 아내는 울음을 밀어내며 힘들어했다. 특공대의 아들은 내무반 취침 중 잠버릇이 나쁘다는 핑계로 얼차려를 받던 중 상급자에게 대들다가 코뼈가 비뚤어졌다. 상처뿐인 훈장이 콧마루에 꽂힌 것이다. 지금도 콧등이 살짝 비딱하지만, 인생만은 똑바르게 살아가고 있는 것 같아 다행스럽다. 장남같이 듬쑥한 막내는 과묵한 성격 탓인지 여태껏 가타부타 말이 없다. 병영 생활 중 선임병한테 괴롭힘을 당했는지 어떤지 노병은 알 길이 없다. 최첨단 각개전투 화기보다 더 무시무시한 휴대폰을 갖고 복무하는 신세대 병영 문화를 보면서 지난날 군대 생활이 떠올라 격세지감을 느낀다.

시름에 겨운 모정의 세월이었다. 아들들의 바람 잘 날 없는 군 생활로 아내는 여리고 고운 마음이 문드러지고 찢겨나갔다. 입대할 때 성한 몸, 집으로 돌아올 때도 온전한 몸이기를 빌었을 것이다. 셋째인 막내가 마침내 개구리복을 입고 전역 신고를 할 때, 아내는 비로소 가슴을 짓눌렀던 무거운 바윗돌을 내려놓았을 것이다.

병역 의무는 보통 사람들에게만 해당하는 것일까. 국토 지킴이가 힘없고 뒷배 없는 자식들의 몫이 되어서는 안 될 일이다. 지금도 누군가는 법망을 미꾸라지처럼 빠져나갈 궁리를 하고 있는지도 모른다는 생각에 씁쓸하다. 선거철이 다가왔다. 고장 난 레코드처럼 모병제와 군 복무 단축 등 표심을 저울질하며 공약을 남발하는 일이 없었으면 하는 마음이다.

군기도 세울 겸 부자지간에 백마고지라도 오르고 싶지만, 불혹을 훌쩍 넘은 아들들이 노병의 명령을 순순히 따를지 어째 불안하다.

앉은뱅이책상

부산 전포동 산비탈에 외가가 있었다. 이십 평 남짓한 슬레이트집이었는데 마당은 겨우 한두 평 남짓했다. 방 두 칸에 부엌 하나, 다락이 전부였다. 뒷간은 대문 밖 골목길에 있었다. 아침마다 변소 앞에서 발을 동동거리며 순서를 기다렸던 곳이다. 낯설지 않은 달동네의 흔한 풍경이었다. 지금 생각하면 사람 냄새가 물씬거려 정겹게 느껴지지만, 그때는 이웃집 여학생과 마주칠까 창피했다.

한 푼이라도 아쉬울 때인지라 외숙은 문간방에 사글세를 놓았다. 다락은 잡동사니로 빼곡해 사람이 기거할 수 없을 지경이었다. 부엌이 딸린 세 평 남짓한 큰 방에서 나는 외숙부 내외와 한솥밥 식구로 살았다. 유일한 피붙이인 외사촌 형은 시나리오 작가를 꿈꾸며 영화의 거리 충무로에 살다시피 하여 일 년에 한두 번 집에 들르곤 했다. 시골에서 어머니가 내

일용할 양식은 대주긴 했지만, 외숙은 하숙비도 받지 않았다. 가난하지만 인정이 넘치고 염치를 아는 순실한 분이었다.

외가의 살림살이는 소꿉장난하듯 단출했다. 홀앗이살림처럼 방안에는 장롱 한 짝과 앉은뱅이책상이 전부였다. 솜씨 좋은 목수가 자투리 원목을 대패로 밀어 만든 민짜 책상이라 상판이 넓고, 다리 버팀목이 튼실하고 투박했다. 아침이면 이불을 개어 얹고 여백 모서리에는 고물딱지 라디오와 반짇고리가 차지하고 있었다. 애초에 공부용 책상이 아니라 간이 이불장 용도로 제작되었는지 모를 일이다. 나는 이 집의 유일한 학생이었으나 책상에는 책 한 권 꽂혀 있지 않았다. 옴치고 뛸 수도 없는 단칸방이라 외숙부 내외가 잠들어야 하는 야심한 시간에 책을 펼칠 엄두를 내지 못했다. 앉은뱅이책상은 나에게는 그림의 떡이었다.

주경야독은 시간을 갉아먹는 싸움이었다. 스물네 시간도 부족했다. 하루를 분 단위로 쪼개어 시계추처럼 움직여야 했다. 이른 아침 집을 나서면 낮에는 병원에서 간호 보조로 일했다. 병원 일과가 끝나는 6시경, 달음박질로 학교에 가도 지각을 피할 순 없었다. 학교 수업을 마치고, 외갓집에 귀가하는 시간은 대개 밤 열한 시 전후였다. 겨울이면 외숙모가 아랫목에 이불로 감싼 따뜻한 밥으로 차려준 저녁상은 언제나 꿀맛이었다.

늦은 식사가 끝날 무렵, 통행금지 사이렌이 나지막하게 귓전을 울리곤 했다. 하루의 마침표이자, 새로운 내일을 알리는 출발신호였다. 고단한 하루를 뉘고 누군가를 향한 그리움마저 묻어야 하는 시간이기도 했다. 기적汽笛처럼 아득하게 멀어져가는 사이렌 경보를 들으며 꿈결 속으로 빠져들었다.

큰 외숙은 반주가 없으면 식사를 거를 만큼 애주가였다. 술을 좋아하지만, 주사가 없고 어지신 어른이었다. 그런 큰 외숙께서 어느 날 삶의 터전이었던 병원 경비직에서 떨려 나와 목구멍이 포도청이라 졸지에 힘겨운 날품팔이로 전락하고 말았다. 믿기지 않는 현실에 매일 술로 울분을 토해내는 것 같았다. 강소주로 폭음하는 날이 잦았다. 숙취를 못 이겨 방 구석을 헤매는 통에 새벽녘까지 외숙모와 나는 눈을 붙일 수 없었다. 계속되는 여원잠으로 낮에도 정신이 혼곤했다. 살을 맞대며 동거해야 하는 단칸방에서 외숙모와 나는 어쩔 수 없이 각자도생 길에 나섰다.

나는 앉은뱅이책상에 걸터앉아 벽에 등을 기대고 말뚝잠을 잤다. 외숙모도 혀를 끌끌 차면서 부뚜막으로 피신하는 등 긴급 피난이 잦아지면서 내공도 쌓였다. 앉은뱅이책상에서 와불처럼 잠을 청하는 방법을 터득했다. 인간은 사회적 동물이라 궁하면 통하는 법이다. 몸을 접어 인간 폴더가 되었다. 외숙께서 취중 몸부림으로 언제 내 얼굴을 가격할지 모르는 상황에서 사로잠으로 밤을 지새우니 책상 위가 안전했다. 낮에는 이불을 품어 안고, 밤에는 네 다리로 버티며 잠자리로 내어준 앉은뱅이책상인들 생각이 없었을까. 책상물림과 벗하며 고고하게 살고 싶었을 소박한 꿈이 밤마다 허물어지고 있었던 게다.

큰 외숙은 밤새 숙취에 괴로워하다가도 이른 새벽이면 냉수 한 그릇 벌컥벌컥 들이키고는 아무 일도 없다는 듯이 일터로 나가시곤 했다. 간밤에 사나운 가물치를 피해 생존을 건 금붕어들의 몸부림을 혹여 아시려나. 깨어진 도자기 더미에서 잠자며 불우한 젊은 시절을 보낸 송나라의 재상 '여몽정'은 그때 무슨 생각을 하며 세상을 꿈꾸었을까. 비록, 책상 위에 몸은 포개었을망정 내가 꿈꾸는 세상을 접을 수 없었던 가슴 벅찬 시절이었다.

젊은 날은 봄날처럼 휘리릭 지나간다. 학교를 졸업한 그해, 육 년 동안 고락을 함께한 앉은뱅이책상을 뒤로한 채 나를 친자식같이 보듬어 준 외가를 떠났다. 군 복무를 마친 그해 여름, 외숙은 돌아올 수 없는 강을 건너고 있었다. 위암 말기였다. 저승에는 주막도 없다는 것을 어떻게 아셨을까. 마지막 맥주 한 모금으로 이승의 고달픈 생을 마감하셨다. 나는 그때 만감이 교차하면서 짐승처럼 끄억끄억 소리 내어 울었다. 여태껏 그렇게 통곡한 것은 그때가 처음이자 마지막이었다. 홀로 된 외숙모는 피붙이가 살고 있는 친정으로 낙향했다. 외숙모는 어머니를 대신한 은혜로운 분이었다. 쓸쓸한 결별이었다.

외가는 가난한 청춘을 오롯이 품어 준 언덕이었다. 담쟁이

덩굴처럼 얽힌 추억들이 달빛 골목길로 흘러내린다. 가슴이 답답할 때면 가풀막진 동네 뒷산에 오르곤 했다. 산 아래에는 가로등 불빛이 조는 듯 희미하고 올려다본 하늘에는 별이 쏟아져 내렸다. 이런 밤에는 어느새 ≪별≫ 속의 목동이 되어 '스테파네트' 아가씨가 늠실늠실 넘어올 것 같은 환상에 젖기도 했다. 언젠가는 다가올 안개꽃 같은 사랑에 가슴 설레며….

한때 한솥밥 식구였던 외가의 1, 2세대는 무대에서 쓸쓸히 퇴장하고, 3세대인 오촌 조카 부부가 옛집을 지키고 있다. 선한 마음으로 정성껏 오순도순 살아가는 모습이 대견하고 갸륵하다.

반세기가 훌쩍 흘렀다. 그 옛날 잠자리로 깔아뭉갠 책상 위에 내가 쓴 수필집 한 권 올려놓고 지난날의 무례를 용서받고 싶지만 허망한 바람이 되었다. 앉은뱅이책상은 그 이후 이불장에서 티브이 받침대로 신분 상승하였다가 용도 폐기되었기 때문이다. 가슴 시린 인연들이 하나둘 떠났듯, 책상도 한 줌의 재로 흙 속에 묻혔으리라. 책상의 처지가 일인이역을 감당해야 했던 내 학창 시절과 크게 다르지 않다는 생각에 동병상련을 느낀다. 빛바랜 벽에는 외숙부와 외사촌 형의 흑백 영정이 나란히 걸려 있다. 생전처럼 선한 얼굴로 물끄러미 내려다보고 계신다.

전포동 큰 외가는 언제나 내 마음속에 나부끼는 영원한 향수다.

황금 열쇠

졸린 듯 권태로운 집안에 비상이 걸렸다. 은행에서 걸려 온 한 통의 전화로 아내는 황당하다는 반응이고 나는 눈이 휘둥그레졌다.

"내가 신용 불량이라고?"

잘못 들었나 싶을 만큼 충격적이었다. 여태껏 살아오면서 그런 일은 나와는 상관없는 것으로 알았다. 일시적으로 돈 회전이 여의찮아 며칠 변통한 적은 있었다. 뭉칫돈을 은행에 넣어둘 만큼 가세가 넉넉하지도 않았지만, 은행에서 대출받아 살림할 만큼 옹색하지도 않았다. 퇴직하면서 개설한 마이너스 통장을 일시적으로 이용한 적은 있었다. 그것도 믿을만한 지인이 필요할 때 생색내며 융통해 준 비상 창구였다.

낙타가 바늘구멍을 통과하듯 치열한 경쟁을 뚫고 신규 아파트가 당첨되었다. 대박이 터졌다며 지인들은 질투 섞인 부러움으로 로또 당첨이라고 축하해 주었지만, 인생사 새옹지마라던가. 지금에 이르러 불면의 씨앗으로 재앙의 불씨가 되었다.

　집 한 채가 전부였던 나로서는 당첨된 아파트 계약금 때문에 살고 있던 주택을 처분할 수밖에 없었다. 신규 아파트 계약금으로 일부 충당하고 남은 돈으로 전세를 얻어 지금껏 살고 있지만, 막상 새 아파트 입주할 때가 되어도 전세 계약 기간 때문에 전셋돈을 뺄 수가 없었다. 중도금과 잔금을 치르지 못해 이사는커녕 연체 이자까지 부담하느라 아내가 속을 부글부글 끓이고 있던 차에, 은행에서 대출금을 상환하라는 통보가 날아든 것이었다.

　상환 기일 내 갚지 않으면 그 즉시 신용 불량자 리스트에 오른다고 하니 마른하늘에 날벼락을 맞은 꼴이다. 아파트 시공사와 은행 간에 체결된 대출 융자라 입주자는 이자만 꼬박꼬박 내면 아무 문제 없을 거라고 아내에게 큰소리까지 쳤는데 된통 사달이 났다.

　신용 불량자만큼 처량한 인생이 어디 있으랴. 그동안 쌓아 올린 금융 신용 점수는 삶을 관통하는 가늠자로 경제적 신뢰 지표이자 능력과 인격이 함축된 성적표로 여기며 살아왔었다. 신용 불량자로 비루한 삶을 이어 갈 것인가. 부끄러움을 밀어내고 구원의 손길을 내밀 것인가. 나의 대인적 신용 게이지는 과연 어느 정도 수준일까. 파란불일까, 빨간불일까. 염려가 꼬리에 꼬리를 물어 실타래처럼 뒤엉킨다.

　상환 날짜를 짚어 보니 한 주일도 남지 않았다. 떡 줄 사람은 안중에도 없는데, 머릿속은 벌써 바람개비처럼 돈줄을 찾아 팔랑거린다. 핸드폰에 빼곡하게 등록된 인명록에는 갓끈 떨어진 퇴직 공직자이거나, 야릇한 동영상이나 퍼 나르는 철딱서니 없는 친구들이 오글오글 들앉아 있다. 한때는 그들도 '라떼'의 전성시대를 누렸건만 세월을 비껴갈 수는 없었나 보다. 다들 인품이야 나무랄 바가 없지만, 돈에 관해서는 일생에 도움이 안 되는 인맥이 대부분이다.

　오벅여 년 전 살생부를 만들어 계유정난을 일으킨 한명회보다 내가 지금 더 위급 존망지추로 백척간두에 서 있다. 나를 구원할 활생부活生簿를 만들어 붉은 줄로 동그라미 치며 물주를 찾아 나서야 한다. 내 가슴속에 똬리를 틀고 있는 말랑말랑한 인맥들. 나의 구원투수가 되어줄 흑기사들. 내게는 실낱같은 희망이요 금맥이지만, 내 손에 선택된 그들은 원치 않는 낙점이요 부담으로 여길 것이다. 한 번만, 꼭 한 번만 혀 고부라져 이 위기를 벗어나야 하느니.

　다음날, 혀 말려드는 사정을 들은 동료 관세사 몇 분이 선뜻 몇천만 원을 마련해 준다. 소문이 퍼져 누이한테도 연락이 왔다. 자기 아파트를 대출받아 충당하라고 통 크게 제안한다. 울컥, 핏줄이 돋는다. 돈내기 골프 칠 때는 한 타도 어림없던 Y 사장도 투자 기금을 해약해서라도 몇천만 원 정도는 융통해 주겠다며 힘을 보탠다. 홀인원 했을 때보다 더 감동적이다. 하나같이 도와주지 못해 안달 난 사람들이다. 그러나 나는 아직도 배가 고팠다. 상환금액의 절반에도 미치지 못하기 때문이다. 명색이 인기 좋은 역세권 아파트 한 채 값이니 어련할까.

 대박을 터트릴 흥부를 찾아 나서야 했다. 마음속에 최후의 한 사람이 있었다. 고교 동기이자 회사를 경영하고 있는 C 대표였다. 그가 도와줄 형편이 안 되면 신용 불량자로 살겠다는 생각을 이미 굳힌 터였다. 더는 기대고 비비고 치댈 언덕이 없다는 파산 선고이기도 했다. "통화하고 싶다."라는 문자를 띄워 보냈다.

 깊이를 알 수 없는 우물 속으로 두레박을 드리우는 심정이었다. 십여 분이 지났을까. 정적을 깨뜨리는 전화벨이 울렸다. C 대표였다. 아내와 마주친 눈동자에는 기대와 불안이 뒤엉켜 있었다. 옥황상제가 내려보낸 튼튼한 동아줄이거나, 모가지째로 싹둑 떨어지는 동백꽃 운명이거나…. 마른침을 꿀꺽 삼키고 전화기를 들었다. 경상도 특유의 목쉰 듯 걸걸한 C의 목소리가 전화기로 흘러나왔다.

 "니 급한 일 생겼제?"

 첫 마디가 족집게 같은 송곳 질문이다. 역시나. 사업가 내 친구는 촉이 남달랐다. 어영부영 운 좋게 사업에 성공한 사람이 아니라는 이야기다. "그래, 사실은…." 나는 잔뜩 흥분되어 전세금이니, 신용 불량이 어쩌고저쩌고 횡설수설해 댔다. 그는 다 듣지도 않고 대뜸 "알았다. 내가 해주마." 한다. 액수도 말하기 전이었다. 세상에, 살다 보니 나에게도 이런 봉鳳이 곁에 있었다니. 나는 그만 목이 메었다.

맑게 갠 봄날 오후 어느 날, 아내가 활짝 핀 얼굴로 현관에 들어서면서 뭔가 손에 들고 신나게 흔들어 보인다.
"이게 뭐~게요?"
한는에 봐도 새 아파트 열쇠 꾸러미였다. 내 눈에는 황금 열쇠 뭉치가 춤추듯 흔들리고 있었다.

분방

실눈을 뜨는 순간 어리둥절하다. 침대에 누워 있는 나는 누구인가. 내가 지금 어디에 와 있는 걸까. 새벽녘 희끄무레한 공간이 익숙한 듯 낯설기만 하다. 입영 다음 날 아침 기상나팔 소리에 화들짝 놀라 깨어난 곳이 내무반이라는 사실을 알아차리는 순간, 얼마나 당황하고 생경했던가. 지금 내가 처한 상황이 그때와 다를 바 없다. '아하, 여기가 내 방이지.' 하는 의식이 드는 순간까지 어색하고 서먹하지만, 결기를 드러내지 않고도 성취한 공간이니 오래지 않아 친숙하고 그윽한 장소가 될 터이다.

내가 뒤늦게 등단하면서 집안에도 미묘한 파장이 일었다. 괜히 마음이 들뜨고 뭔가 써야 한다는 강박관념에 사로잡혔다. 퇴근 후 서재에서 글줄을 끄적거리거나 책을 읽는 등 자정이 넘도록 부산을 떨었다. 그러다 보니 매번 아내가 설핏

잠든 한밤중에 찬 기운을 일으키며 이불을 들썩였다. 글 쓰느라 신경이 곤두선 데다 선잠을 깨워 미안한 생각이 들면서 잠자리가 거북하고 조심스러웠다.

　무던한 아내도 내 마음을 알아차렸는지 고심 끝에 분방分房이라는 카드를 꺼내 들었다. 남편에게 글도 쓰게 하고 독서와 휴식을 누릴 수 있는 글방을 내어 줄 묘안을 떠올린 것이다. 마음 씀씀이가 고맙고 갸륵하다. 그렇다고 내가 써 놓은 수필을 높이 평가하거나 감동하여 베푸는 것으로 보이지는 않는다.

　어쨌거나 아내의 통 큰 결단으로 한 지붕 아래 분가가 일사천리로 진행되었다. 합방으로 인한 불편은 해소되었지만 살아서는 같은 방을 쓰고, 죽어서는 같은 무덤을 쓴다는 '생즉동실生則同室, 사즉동혈死則同穴'이라는 부부의 계율이 하루아침에 맹랑하게 되었다.

　서가와 책상만 있는 썰렁한 방에 신접살림 차리듯 새로운 가재도구를 들여놓았다. 아들 내외가 선물한 데스크 컴퓨터와 공기청정기, 아내가 마련한 싱글 침대와 푹신푹신한 오리털 이불 한 채가 그것이다. 어쭙잖은 글쟁이가 필요한 문방사우가 갖추어져 글방으로는 손색없게 되었다. 아들들은 아버지의 위험천만한 독립을 은근히 부러워하는 것 같았지만 며느리들은 고개를 갸웃하며 저의가 미심쩍다고 후환을 걱정하는 눈치다.

엉겁결에 독방을 갖게 되니 여태껏 나만의 공간이 없었다는 것을 새삼 깨닫는다. 어릴 때는 구들 아랫목에 온 가족이 옹기종기 발가락 모으고, 학창 시절 때는 외가에서 외숙부 내외와 단칸방에서 동거했고, 미혼 때는 자취방에서 친구와 뒹굴고, 결혼해서는 아내의 뜨락에서 군말 없이 살아왔었다. 부부의 지분이 애매하게 얽힌 침실에서 명분 있게 탈출할 수 있었던 것은 역시 펜과 글의 위대한 힘이다.

　늘그막에 나만의 쉼터[休]에서 영화도 보고 책을 읽으며 글도 짓고 낮잠을 즐긴다. 하지만 화가가 심혈을 기울여 추상抽象을 캔버스에 담아내듯, 서예가가 손끝에 힘을 모아 붓끝을 세우듯, 분방에서 날것의 말씨를 날실과 씨실로 엮어 기어이 한 편의 명작을 직조하리라는 서원을 세운다.

　최신형 LED 스탠드를 머리맡에 두었다. 잠결에 손바닥으로 슬쩍 건드리기만 해도 수줍은 새색시처럼 얼굴을 붉힌다. 분위기 띄우는데 이만한 조명등이 없을 것 같다. 글밭을 헤매다가 지치면 탁상용 은은한 불빛 아래 포도주 잔을 기울인다. 낮은 조도 아래 술잔 속 검붉게 출렁이는 희미한 실루엣이 몽환적이다. 엉킨 글줄을 녹이는 데는 포도주만 한 묘약이 또 있을까. 분방에서 나 홀로 즐기는 은밀한 유희다.

　침대도 싱글이라 맘에 쏙 든다. 모로 눕거나 거꾸로 누워도 누가 뭐라 하지 않는다. 부부가 함께 쓰는 침대는 허락 없이 함부로 넘볼 수 없는 죽의 장막이 존재하지만, 이곳에는 지켜야 할 경계나 넘어질 문턱이 없다. 모르긴 해도 어머니 뱃속이' 이처럼 편안하지 않았을까.

술 먹은 날, 코를 드렁드렁 곯아도, 잠 못 들어 뒤척거려도 눈총받을 일이 없다. 기분이 언짢으면 이불을 냅다 걷어차 스트레스를 날려 보내기도 한다. 또 있다. 얼렁뚱땅 씻은 듯 씻지 않은 발가락을 이불 속에서 꼼지락거리며 희희낙락하는 남자의 품격이라니. 전에 없이 즐기는 자유로운 일탈이 너무 좋아 들켜서는 안 될 것 같은 음흉한 웃음이 요실금처럼 실실 새어 나온다.

우리 부부는 지금껏 그러했듯 저녁 시간에는 주말드라마와 트로트 가수 경연을 시청하며 열광한다. 뉴스에서 염치없는 정치인이 등장하면 모처럼 한목소리로 성토하며 의기투합한다. 그러다가 하품이 슬슬 새 나오면 슬그머니 각자의 고치로 찾아든다. 새로 길들어진 자신만의 분방分房에서 은밀하게 누리고 싶은 분방奔放의 유혹을 뿌리치지 못한다. 어느새 아내의 방에서는 신예 가수의 '상사화' 노래가 문지방으로 흘러나오고, 내 방에는 글 이랑에 흙바람이 일다가 사그라지기를 거듭한다.

아내는 과일을 담아 들고 금녀의 방에 가끔 들르기도 한다. 나는 알고 있다. 지난날 고3 아들에게 간식을 챙겨준다는 핑계로 동정을 살피려던 습성이 유령처럼 되살아난 것임을.

한갓진 주말 오후, 분방에 내려앉는 햇볕이 따사롭다. 졸려서 아~함 기지개 한번 크게 펴다가 그만 애써 머릿속에 쌓아 올린 무수한 글줄들이 와르르 무너져 내린다. 엉킨 문장도 흐물흐물 햇살 속으로 흩어진다.

윤 여사네 성주탕

과음으로 굳드러졌다. 속이 쓰려 새벽에 눈을 뜬다. 지난밤 거품을 물고 헛말들을 게워 낸 만큼 속도 편해야 하건만 오히려 더부룩하고 거북하기만 하다. 몸은 깨어나도 정신은 혼곤하고 혓바늘이 돋고 속이 매스껍다. 침대에서 뒤척거리다가 아내의 출근 독촉에 부스스 몸을 일으킨다. 취중 잠버릇인 수면무호흡증으로 남편이 살아 돌아오는지 수시로 확인하느라 잠을 설쳤을 아내도 덩달아 부엌에서 하품을 해 댄다. 개수대에 그릇 부딪히는 소리가 심상찮은 것으로 보아 지난밤 해롱해롱한 내 행적이 미루어 짐작된다.

찰진 밥공기 옆에 해장국이 오른다. 모락모락 김이 올라오는 따끈한 북엇국이다. 마치 천하를 삼분三分하려는 기개로 술을 들어붓고는 대단한 거사라도 치른 듯 아침이면 제 속을 달래려 해장국을 찾는다는 게 염치없는 일이다. 결국, 해장국으로 속을 푼다는 것은 알코올로 찌든 위벽을 뜨끈한 국물로 데우고 가라앉히는 일이다. 시래기처럼 시들시들해진 간을 보하려고 달걀부침, 두부구이, 생선 한 토막과 함께 차려낸 해장탕이 목 안으로 흘러 들어가면 얼굴이 발그스레 피어오른다. 술꽃이다. 몸속에 절여 있던 숙취가 돋아나면서 술기운이 스멀스멀 빠져나오는 것이다.

윤 여사네 성주탕醒酒湯 메뉴는 다채롭다. 계절 따라 다르지만 보통 북엇국이거나 재첩국, 콩나물국과 시래깃국 또는 된장 뭇국이 밥상에 차려진다. 조개나 담치를 듬뿍 넣어 시원한 맛을 내는 해물 미역국도 별미로 식탁에 자리한다. 준비해 둔 해장국 재료가 떨어진 날은 묵은김치에 달걀을 풀고 멸치를 넣은 김칫국도 칼칼한 냄새를 풍기며 입맛을 돋운다. 그중에서도 타우린 성분이 간을 해독하는 탁월한 효능이 들어 있다는 북엇국은 손쉽게 뚝딱 끓여 내놓는 윤 여사네 전매특허 1호 해장국이다.

정갈하고 시원하면서 얼큰한 맛을 내는 비결은 시중에 파는 해장국 맛매와는 사뭇 다르다. 그 맛은 맛국물에서 배어나오는 담백한 풍미다. 냉장고 한 칸은 해장에 필요한 식자재가 가득하다. 윤 여사는 평소에 맛 국물에 심혈을 기울인다. 다시마, 멸치, 버섯, 새우, 띠포리를 갖추갖추 듬뿍 넣어 진하게 고운 다싯물이 해장국의 핵심 비법이다. 천연 재료에서 우려낸 진국에 두부 한 모와 땡고추, 콩나물, 표고버섯과 무와

북어가 끓는 맛국물에 한몸처럼 뒤엉켜 시원한 맛이 절정에 이른다.

처가는 알코올 청정지역이다. 아내는 에틸알코올 냄새만 맡아도 취하는 특이체질이라 술과 인연이 먼 사람이다. 고인이 되신 장인어른만 끼니때마다 보약처럼 한두 잔 드신 애주가였을 뿐 오라버니들도 술은 크게 즐기지 않는다. 고명딸로 결혼 후 처음 겪는 허풍스럽고 와그르르한 술 문화가 힘들었음에도 내색하지 않고 건강을 챙겨준 아내가 늘 미안하면서도 고맙기만 하다.

나는 술을 즐긴다기보다 좋아하는 사람과 분위기에 흠뻑 취하는 사람이다. 사람이 곧 술이고 안주이며 인생이라는 주선의 도를 외치는 남편을 이성적으로 받아들이기가 쉽지 않았을 것이다. 눈에 콩깍지가 씌는 현상이 없었다면 윤 여사는 지금 내 앞에서 해장국을 끓이고 있지 않았을지도 모른다. 혹여 빈구석이라고는 없는, 술 한잔 입에 대지 않는 맑은 영혼을 지닌 남편을 만났더라면 지금쯤 어떻게 살고 있을까 궁금해진다. 좀 갑갑하게 살고 있지 않았을까. 술 몇 잔에 호기부리는 남편이 밉상이지만 다음날, 또 다음날도 눈치 없이 해장국을 후루룩 들이키는 순둥한 모습이 얼마나 인간적인가.

성주탕만 있으면 걸신 걸린 듯 밥 한 공기는 거뜬하게 해치운다. 아내도 그런 식성을 고마워하면서 감탄한다. 입안이 깔끄러워 아침 식사를 깨작거리는 대부분 술꾼에 비하면 사랑

받을 만한 신통방통한 식성이 아닐 수 없다.

처음부터 아침밥을 잘 먹었던 것은 아니었다. 새벽부터 일어나 해장국을 끓여주는 아내의 진정성에 감읍하여 꾸역꾸역 먹기 시작하였다. 지금껏 건강을 유지하는 것도 해장탕이 지켜준 따뜻한 아침 한 끼의 정성이리라.

성주탕이 단순히 술독을 풀어내는 몸풀이라면, 인간관계에서 상처받은 마음을 가라앉히고 달래 줄 진정한 마음 풀이 해장탕도 있다. 갑과 을이 얽혀 있는 직업 전선에는 서로를 향한 기대치가 달라 날이 곤두선다. 치미는 울화를 맞장구치며 등을 다독여 주는 동료나 친구야말로 엉킨 실타래를 풀어주는 해장국 같은 사람이다. 문득 생각해 보니 정작 속을 데워야 할 사람은 따로 있는 것 같다. 내 속은 말끔히 해장되었지만, 윤 여사의 옷고름 속 맺힌 가슴에는 콩나물처럼 문드러졌을 심장이 드러누워 있을 것 같다.

요즘처럼 맞벌이하는 부부에게는 따끈한 밥 한 끼도 함께하기 쉽지 않은 세대다. "밥이나 먹고 다니냐?"라는 인사가 건네지고 있다. '살인의 추억' 속 대사처럼 비아냥거리는 말이 아니라 정말 밥이나 먹고 출근하는지 묻고 있다. 이러니 따끈한 해장국까지 기대하는 것은 야무진 꿈일지 모른다. 나는 '라떼'의 마지막 세대에 태어난 행운으로 잘 살다 간다. 행여, 성주탕도 못 얻어먹는 이 땅의 애주가들이여, 마땅히 서러워하며 술을 끓을지어다.

제2부

비룡이 나르샤

비룡이 나르샤
석심
선을 넘다
거울 전 상서
어찌 이런 일이
4월의 바람꽃이 되어
어목혼주
여의도 수박

비룡이 나르샤

나는 비룡飛龍의 알, 와이번wyvern의 후예다. 이름만으로도 세상에 두려워할 것 없는 신비로운 영물이다. 다리가 둘이고 날개가 달린 전설 속 비룡의 핏줄이 어쩌다가 골프공으로 환생하였건만, 이 바닥에서는 귀태鬼胎로 업신여기며 무시당한다. 나는 존귀한 몸이었지만 골프공으로는 '타이거 우즈'가 애용하는 '브리지스톤'이나, '타이틀리스트'처럼 명문거족들과 어깨를 나란히 할 수 없는 일천한 가문이다. 잘 나가는 국산 '볼빅'에도 떠밀리고, 여성 골퍼들이 좋아하는 '세인트 나인'에게도 명함을 내밀 수 없는 초라한 처지다. 그들이 아니꼽고 눈꼴시지만, 은인자중하며 초보 골퍼가 다루기 만만한 골프공으로 만족하며 아쉬움을 달랜다.

　태생적으로 박복하게 태어나 필드에서도 장돌림 신세가 되어 골프백 깊숙이 숨죽이며 출전하는 날만 기다린다. 모처럼 골퍼와 함께 콧바람 쐬며 라운딩하노라면 가슴이 울렁거리고 간이 쪼그라들 만큼 겁이 난다. 어정잡이 골퍼를 만나는 날에는 뒤땅을 때려 제대로 날아보지도 못하고 공중에서 꺾여 떨어지고, 토핑으로 잔디밭에서 볼썽사납게 데굴데굴 구르는 망신을 당하기도 한다.

몸도 성할 날이 별로 없었다. 카트 도로에 내리꽂혀 눈에서 번갯불이 번쩍이고, 깨어진 뒤통수는 아물 겨를이 없었다. 안면에도 수시로 피멍이 들어 '안티푸라민'과 흉터에 특효라는 '후시딘' 연고를 달고 살아야 하는 고달픈 생이다. 어떤 골퍼는 내 곰보 얼굴에 쓸린 상처 흔적을 쇠줄로 무두질하여 다시 사용하기도 한다. 쪼잔하지만 토사구팽당하지 않는 것만 해도 감지덕지한 일이었다.

숨겨진 욕망이 꿈틀거리는 와이번스의 혈통답게 하늘을 호령하고 싶은 원초적 본능을 접은 적이 없다. 나도 한 번쯤은 운명적인 골퍼를 만나 환상적인 샷에 내 인생이 빨랫줄처럼 쭉쭉 뻗어나가는 그날이 올 것을 믿기 때문에 골프백 속에서 거친 호흡을 가다듬는다.

한날한시에 먼저 부화한 형은 한때 와이번스 구단에서 호의호식하며 지냈다. 한국야구 시리즈에서 네 번이나 우승하는 위업을 달성하고 지금은 개명된 새로운 구단에서 승승장구한다. 크기만 다를 뿐 야구공이나 골프공이나 다 같은 알인데 형은 이대호 선수한테 걸리기만 하면 장외홈런으로 나가뜰어져 펄펄 난다. 나도 박세리 선수의 총애를 받았다면 지금쯤 명예의 전당에서 최고의 영예로 부러움을 받고 있을 것이다.

골퍼의 자질에 따라서는 목숨이 하루살이 벌레만도 못할 때가 있다. 장타 욕심에 경계구역을 벗어난 오비out of bounds를 내거나 습지인 해저드hazard에 빠지면 내 생도 한순간에 거덜난다. 하지만 세상일은 뜻대로 펼쳐지지 않는다. 하필이면 초보 수준의 백돌이 골퍼에게 명운이 달렸을 줄이야. 황소라드 때려잡으려는 듯 어깨에 힘이 잔뜩 들어간 스윙 폼이 찜찜했는데 기어이 사고를 저지른다. 화려한 불꽃놀이 쇼라고 할 수 있는 '드라이버'로 무지막지하게 내 옆구리를 찍어 비명도 지를 겨를 없이 경계 밖 덤불 속으로 나뒹굴어지고 말았다. 넓고 확 트인 페어웨이 잔디밭은 놔두고 퀴퀴한 숲속 오비 지역으로 날려 보내다니….

내 팔자도 참 기구하다. 살아남기는커녕 꼼짝없이 생매장 당하는 신세가 되었다. 볕뉘도 비껴가는 음습한 가시덤불 속에서 썩지도 않을 알몸으로 죽어지내야 한다. 주위를 살펴보니 타이틀리스트와 브리지스톤 골프공이 여기저기 흙더미에 코를 박고 죽은 척 처박혀 있다. 평소에 금수저라며 거들먹대며 흙수저인 나를 거들떠보지도 않더니 지금 처한 꼴이 말이 아니다. 측은지심이 들었지만, 황천 갈 때는 왕후장상의 씨도 별 볼일이 없다는 생뚱맞은 생각을 하다가 죽음보다 더 깊은 어둠 속으로 빠져들었다.

　여름의 끝물이었다. 뇌성 벼락을 동반한 모다깃비가 쏟아져 내렸다. 장대비가 흙더미 속에 묻혀 있는 내 몸통을 파헤치고 있었다. 천재일우의 기회가 온 것인가. 물줄기를 타고 솟아오르는 미꾸라지처럼 빗물 속으로 몸을 굴렸다. 순식간에 푸른 잔디가 펼쳐진 페어웨이까지 나뒹굴었다. 썩어도 준치라며 껍쩍대던 명품 골프공들은 생환 길에 한 녀석도 보이지 않는다. 그때였다. 누군가가 나를 달랑 낚아채어 간다.
　골프란 장갑을 벗기 전에는 한순간에도 승부를 예측할 수가 없는 게임이다. 골프장에서 오비나 해저드는 오만한 골퍼에게 경고성 어퍼컷 같은 것이다. 짜릿한 역전의 기회를 맛보려면 절망적인 순간에도 인내하며 기다려야 한다. 인생이란 끝날 때까지 끝난 것이 아니듯이.
　갈바람이 숨어 우는 파란 잔디 위로 구름이 유유하다. 오늘 동반 골퍼님은 흙탕물을 뒤집어쓴 채 생사를 헤매고 있는 나를 구원해 준 흑기사다. 알맞은 키와 날렵한 몸매에 얼굴은 활력이 넘쳐난다. 육십 대 후반으로 보이는 나이가 마음에 걸리지만, 스윙 자세가 간결하고 군더더기가 없어 수준급 골퍼라는 게 한눈에 알아보겠다. 그가 나를 선택한 것은 운명이다. 오늘을 얼마나 기다렸던가. 이제 내 빵빵한 엉덩이만 힘껏 걷어차 준다면 사력을 다해 날아갈 일만 남았다.

아니나 다를까. 첫 홀부터 시원하게 날리는 호쾌한 드라이버 샷에 눈이 번쩍 뜨였다. 오죽 반했으면, 해저드 늪에 빠져 익사해도 여한이 없다는 생각이 들었을까. 나는 창공을 향해 쭉쭉 뻗어나가면서 짜릿한 쾌감에 오줌이 지릴 지경이었다. 잔디에 떨어질 때도 브레이크 없는 럭비공처럼 앞으로 데굴데굴 굴러갔다. 그가 살아야 내가 산다는 것을 지금껏 뼈저리게 경험하고 터득한 진리다.

어느덧 7번 홀 티잉그라운드에 올라섰다. 파 3홀이다. 동반자인 P 골퍼가 멋진 샷으로 공을 그린에 안착시킨다. 스스로 만족스러운 샷에 의기양양한 모습이 역력하다. 드디어 나의 주인님 차례가 왔다. 그린 홀까지의 거리는 130m. 살짝 뒷바람이 일렁인다. 그가 9번 아이언을 주저 없이 뽑아 든다. 가을 햇빛에 반사되는 얼굴에는 승부사의 아우라가 번득였다.

눈을 감고 기도하는 순간, 탱글탱글한 내 엉덩이가 불에 덴 듯 얼얼한 타격이 가해지면서 창공을 향해 두둥실 치솟아 오르고 있었다. 황홀난측, 무아지경이다. 그린을 향하여 높게 포물선을 그리며 비상하는 동안 정신을 다잡고 내가 뛰어내려야 할 그린을 내려다보았다. 실수 없이 연착륙해야 한다는 일념에 온몸이 감겨드는 것 같았다. 고양이가 사뿐히 내려앉듯 홀컵 근처에 착지하여 또르르 홀컵으로 쏙 빨려 들어갔다. 아니 나 스스로 굴러 들어갔다고 해야 옳다. 댕그랑! 홀컵에서 경쾌한 금속음이 울렸다.

홀인원이다! 홀인원!

동반 골퍼들의 환호성이 허공을 찌른다. 나의 친애하는 골퍼가 일만 이천분의 일의 행운을 기록하는 순간이었다. 문득, 정신을 차려보니 어느새 알에서 깨어난 비룡이 하늘 높이 날아가고 있었다.

석심

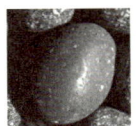

발령이 났다. 달랑 한 줄 인사 명령이 가슴을 덜컹 내려앉게 한다. 문책성 하향 전보로 당사자보다 딸린 식구가 더 당황하고 허둥거렸다. 말없이 남편의 눈치를 살피며 옷가방을 챙겨주는 아내를 다독이고, 구겨진 가장의 자존심을 가슴에 묻으며 장승포항으로 가는 뱃머리에 올랐다. 울적하고 쓸쓸했다. 그나마 부산 갈매기 수십 마리가 가덕도까지 근접 호위하며 배웅해 주었다.

　벌써 삼십여 년 전 일이다. 처음에는 먼저 유배지에 온 동료들이 동병상련 심정으로 소주도 함께하며 위로해 주었다. 그것도 한두 번이지 객지 생활로 실밥 터진 주머니는 늘 설렁하기 마련이었다. 술 먹을 돈이 없으니 퇴근하면 하나같이 누에고치 같은 처소에서 쥐 죽은 듯 엎드려 있다가 출근 시간대나 슬근거렸다.

처음 기숙사 생활 한두 달 정도는 군대 내무반처럼 반듯했다. 그러나 시간이 갈수록 괴죄죄해졌다. 방에는 제 머리를 뒤집어쓴 채 뒹구는 양말과 후줄근한 옷가지, 둘둘 말린 이부자리가 꿉꿉한 냄새를 풍겼다. 평소 귓등으로 흘려듣던 아내의 잔소리마저 그리워지고, 나태와 무료함으로 몸과 마음은 마른 바위 이끼처럼 거슬거슬했다.

뭔가 출구 전략이 절실했다. 기숙사 방바닥에 누워 천장 벽지에 숨은 그림이나 찾으며 시간을 축내다가 문득, 몇 해 전 송정 바닷가에서 탐석探石한 수석 생각이 번쩍 나를 일으켜 세웠다. 미의 여신 아프로디테! 깊고 푸른 바닷속에서 물보라를 일으키며 솟구칠 듯한 자태를 뽐내는 내 수석의 애칭이다. 바로 이것이야, 수석! 무릎을 '탁' 쳤다. 갑자기 눈에 생기가 돌고 설렘이 회오리처럼 번져나갔다.

다행히 맡은 업무가 우범 항만 지역 감시 순찰이었다. 거제도의 크고 작은 항·포구는 이미 훤히 꿰고 있을 정도로 익숙한 터였다. 마치 굶주린 하이에나가 초원을 헤매듯, 남부면 여차마을을 비롯하여 크고 작은 포구 해변을 누비며 보석을 캐는 심정으로 수석을 찾아 헤맸다.

흙 속의 돌을 파헤치려니 허리가 뻑적지근하고 눈이 아리고 시렸다. 욕심껏 채운 돌 배낭이 어깻죽지를 짓눌러 목덜미까지 당기고 뻐근했다. 이따금, 짙푸른 바다 밑에 숨어 있던 바닷돌이 거친 파도에 휩쓸려 모래톱에 나뒹구는 순간, 잽싸

게 먹이를 낚아채는 송골매처럼 앞뒤 생각 겨를 없이 물속으로 뛰어들곤 했다. 덮쳐오는 파도에 바짓가랑이랑 운동화가 흠뻑 젖어 소금물이 그려낸 섬 지도가 하나씩 생기곤 했다.

칠흑 같은 심해에서 억겁의 세월 동안 왈그락달그락 부딪치고 구르면서 때를 기다렸음인가. 물기를 머금은 채 윤기가 자르르 흐르는 까만 오석烏石이 그물 손에 푸드덕거렸다. 물살에 씻기고 닳아 번들거리는 수마석이다. 짜릿한 희열도 잠깐, 내게 오기까지 억겁의 세월을 기다린 인연일지 모른다는 생각이 들어 한순간 숙연한 마음이 들기도 했다.

가슴을 들뜨게 하는 수석을 탐석한 날은 어깻죽지도 발걸음도 가뿐하지만, 늘 좋은 일만 있는 것은 아니다. 어떤 때는 어민의 신고로 출동한 경찰관에게 불심검문을 당하기도 여러 번이었다. 운수가 사나운 날은 탐석을 포기한 채 빈손으로 숙소로 돌아오지만 두고 온 돌이 눈에 밟혀 잠을 설치기도 한다. 집념은 이성을 내치고, 감성을 꼬드긴다. 다음날 어둑새벽에 득달같이 해안으로 달려가 마음에 품었던 돌을 손아귀에 넣어야만 하루가 충만해진다.

수집한 돌, 한 점 한 점마다 곡진한 사연이 담겨 있다. 최종적으로 수석 애호가의 소장품이 되려면 드라마 '여인들의 전쟁'처럼 명운을 건 권력다툼에서 승자만이 왕비가 될 수 있듯 독특한 자태와 자기만의 색깔로 경쟁해야 한다. 한낱 돌덩이가 수석이라는 영예로운 칭호를 갖는 일이다. 남다른 안목과 예술적 심미안을 가진 수석가의 간택을 받아야만 수석좌壽石座에 오를 수 있는 것이다.

아름다운 여인도 아침이면 숨기고 싶은 민낯이 드러나듯, 물먹은 돌도 처음에는 번들거리지만, 시간이 멈추면 태곳적 모습으로 돌아온다. 명예의 전당인 수석장에 오르려면 옛사람들이 신언서판 기준으로 일등 신랑을 고르듯이 석재의 품격이 남달라야 한다. 신비한 전설을 품은 추상석이거나, 독보적이고 개성 있는 물형석이 되거나, 설악산 비선대 한 자락을 옮겨놓은 산수경의 아취를 품어야 한다. 석질이 퍼석하거나 무늬와 색감이 선연하지 않거나, 수마가 매끄럽지 못하고 각지거나 파석 흔적이라도 있으면 버림을 받는다. 도공이 혼불이 담기지 않는 도기를 깨부수듯….

용으로 승천하지 못한 이무기는 때를 기다려야 한다. 버려진 돌은 또다시 발부리에 차이고 구르면서 뿌다구니 같은 성품을 다스려야 기회가 온다. "모난 돌이 정 맞는다."라는 속담처럼 두루두루 어울리지 못하고 겉도는 것은 인간 세상과 별반 다르지 않다. 궁굴리는 마음으로 온유하게 살라는 석심石心이 곧 여래의 마음이요 가르침이 아닐까.

산과 들, 계곡과 바다에서 수집한 수석이 이럭저럭 수십 점에 이른다. 모두 애틋하고 소중한 추억이 깃들어 있다. 물 찬 제비처럼 날렵한 여인상, 석화가 피어난 해안 경석, 제주도 산방산이 뭍에 옮겨 앉아 의연하다.

살다 보면 누군가에게 말을 건네며 위로받고 싶을 때가 있다. 그럴 때마다 수석장에 다가선다. 한 잔의 커피를 놓고 그들과 마주하면 시간 너머에 비릿한 갯내음도 풍겨오고 계곡의 물소리도 들려온다. 지치고 응어리진 마음이 평온해지고, 물안개 같은 그리움이 언 가슴을 녹인다. 마음 한 자락 내려놓고 석심처럼 뭉근하게 살라 한다.

선을 넘다

그녀는 모범생이다. 반듯하게 살아가느라 벅찬 인생이다. 내 것이 아니면 탐할 줄 모르고 주어진 삶에 감사하며 분수에 맞게 살아간다. 곳곳에 도사리고 있는 촘촘한 기초질서 규범에 불평하거나 거스르는 일을 본 적이 별로 없다. 그런 사람이 어느 날 어이없는 실수를 저지르고 말았다. 지난밤 꿈자리가 사납다며 현관문에 소금까지 뿌리고 나왔던 터다. 운전대를 잡으면서 조심해야 겠다는 생각을 골몰히 하던 중 그만 적색 신호등을 깜박하고 정지선을 넘어서고 말았다. 아차, 하는 순간이었다.

찜찜하여 둘러보니 100여 미터 전방 갓길에 휴식하고 있는 순찰차가 그녀 눈에 들어온 것이 화근이었다. 그 정도 기초질서 위반이라면 순찰차가 적발한 것도 아닌데 양심 한번 접으면 그만이었을 것이다. 그녀는 기어이 승용차를 순찰차 옆에 대고 자수하고 말았다. 상식적으로 이해가 안 되는 그녀의 행동에 어리둥절한 것은 오히려 현장 교통 경찰관이었다.

"뭐라고요? 신호 위반을 했다고요?"

"네. 제가 딴생각하다가 살짝 정지선을 넘었거든요."

무슨 큰 죄를 지은 사람처럼 기죽어 말한다. 멀쩡해 보이는 중년 여성이 생뚱맞게 신호 위반을 했다며 자진 신고하니 경찰관도 당황스럽기는 매한가지다. 이 보기 드문 상황을 수습하려는 듯 불심검문 수칙대로 운전면허증 제시를 요구한다. 그녀는 주섬주섬 가방을 뒤적이더니 또 한 번 풀죽은 소리 한다. 운전면허증을 집에 놓고 왔단다.

"아 그래요? 그럼, 주민등록증이라도…."

또다시 지갑을 이리저리 열어젖히더니 난감한 표정을 짓는다. 신분증마저 집에 두고 온 것이다. 사람 좋아 보이는 경찰관은 이번에도 짜증 한번 내지 않고 "그럼 주민등록번호나 불러주세요. 조회 한번 해볼게요." 한다. 그녀는 그것만은 자신 있다는 듯이 구구단 외우듯 숫자를 줄줄 갖다 댄다. 무전기로 주민등록증 번호를 어디론가 조회하던 경찰관의 눈이 휘둥그레진다.

"사모님, 무면허인데요."

"옛?"

화들짝 놀란 것은 그녀다, 어처구니가 없다는 표정이다. 그녀는 천부당만부당하다며 무면허 운전이 아니라고 항변한다.

조금 전 기죽어 있던 모습과는 사뭇 다르다. 무면허라니. 이건 아니다 싶었던 모양이다. 자타가 공인하는 준법생으로 도저히 믿을 수 없고 용납할 수 없는 일이었다.

"사모님, 운전면허갱신 기간을 놓쳐 무면허가 되었는데요."

"……"

순간, 짚이는 것이 있었다. 집을 옮기면서 종전 주소로 갱신 통보가 갔을 것이라는 생각이 퍼뜩 들었다. 신호 위반으로 과태료만 물면 될 것으로 생각했는데 사건이 엉뚱한 방향으로 크게 번지고 있었다. 불현듯 간밤의 꿈이 현실이 되는 것 같아 불안한 생각이 스멀거린다. 입안이 타들어 가고 혀가 목구멍으로 말려든다.

"이를 어쩌면 좋아요. 이사하는 바람에…. 저기요, 제가요. 절대 무면허 운전할 사람이 아니거든요."

그녀의 말에는 한 치의 거짓도 없었지만 스쳐 가는 바람처럼 공허하게 들린다. 무면허 운전은 도로교통법 위반으로 일 년 이하의 징역이나, 삼백만 원 이하의 벌금에 해당한다는 걸 알고 있기나 하는 걸까.

사람과 사람의 관계에서도 지켜야 할 선이 있다. 상식선을 넘어서는 언행은 윤리적으로 지탄받는 것으로 감당할 수 있지만, 실정법상 규범을 정하여 그어 놓은 선을 어기는 것은 법의 잣대에서 벗어날 수 없는 법. 금지선을 넘는 순간 상응한 처벌이 기다리고 있다.

상황이 매우 화급하게 돌아가자, 있어도 없는 듯한 남편 생각이 번쩍 났던 모양이다. 경찰관에게 통화할 수 있도록 양해를 구한다. 그러고선 철석같이 제 편을 들어 줄 거라 믿는 남편에게 대충 상황 설명을 끝내고 경찰관에게 넘겨준다. 이제부터는 알아서 해결해 달라는 구원 요청이다. 경찰관으로부터 신호 위반에 무면허 운전이라는 사건 경위를 전해 들은 남편은 애먼 전화기에 대고 고개를 수그리며 신호 위반 과태료만 끊어 달라고 애면글면 사정하는 것 말고는 할 게 없었다.

경찰은 대책 없이 순박한 그녀를 두고 잠시 갈등하는 것 같았다. 팀 동료와 한동안 머리를 맞대고 숙의하더니 "사모님, 일단 차에 타시죠." 한다. 그녀가 질겁한다. "아니 저를 경찰서에 연행하는 거예요?" 억울함과 체념이 배어있는 항의성 절규다. 경찰관이 딱해 보이는 그녀를 다독인다.

"아니에요. 무면허로 운전할 수 없으니, 댁으로 모셔드리려고요."

경고등이 빙글빙글 돌아가는 순찰차를 앞세워 아파트 정문에 도착했다. 수위가 엉겁결에 거수경례하며 무슨 상황인지 몰라 어리둥절하다. 지하 주차장까지 안전하게 주차한 단속 경관이 칭찬과 경고성 당부를 잊지 않는다.

"사모님, 오늘 자진신고 정말 잘했습니다. 무면허 상태에서 사고라도 났으면 어쩔 뻔했습니까. 운전면허 재교육받으시고

면허증 발급받으신 후 운전하세요."

  그뿐일까. 과태료 위반 딱지는커녕 아무 일 없었다는 듯이 거수경례까지 하고 돌아선다. 그녀는 거룩한 '민중의 지팡이'를 향해 깊숙하게 머리를 숙이며 경의를 표한다.

  선을 넘은 자와 함께 법의 문턱 앞에서 따뜻한 인정으로 감싸주고 떠난 교통순경. 착한 위반자와 더 어진 경찰관이 빚어낸 뭉클한 한 편의 휴먼드라마다. 사람 냄새가 난다. 두 사람 모두 박수받아 마땅한 주인공이 아닐는지.

  엊저녁 꿈이 헛꿈이 아니었다는 듯 그녀가 옆에서 배시시 웃는다. 도시 미워할 수 없는 여인이다.

거울 전 상서

사무실 맞은편 거울이 희맑다. 벽 거울과 달리 전신을 투영할 수 있는 몸거울이다. '복장 단정'이라는 글이 새겨져 있는 대형 거울 앞에서 면접시험을 앞두고 옷깃을 여미며 가슴 졸이던 시절이 떠오른다. 인간이 처음으로 자기 얼굴 생김새를 어렴풋이나마 엿볼 수 있었다면 아마도 물속이었을 것이다. 고인 물이나 석경을 통하여 자기 모습을 발견한 최초의 인류가 거울을 만났다면 신물 보듯 경배하지 않았을까.

내 키만큼 길쭉한 거울은 하루의 일거수일투족을 담아낸다. 나는 수출입 통관 업무를 컨설팅하는 전문 직업인이다. 부드러운 낯빛과 흐트러지지 않는 매무새를 유지하려 거울 앞에서 정성을 쏟는다. 의뢰인에게 정감 있는 첫인상을 각인시키는 일은 맞선보는 일 못지않게 중요하다. 면접에 합격하느냐, 결혼에 골인하느냐, 계약 체결이 성공하느냐는 신뢰할 수 있는 외모와 언행이 한몫하기 때문이다. 거울 속 허상을 향하여 입꼬리의 잔근육을 이완시키고 눈매가 사납지 않게 눈웃음도 기꺼이 날린다.

밤새 자란 거뭇거뭇한 수염을 밀어내는 것으로 하루가 시작된다. 제 살 깎아내는 면도질이 지겹고 귀찮지만, 하루라도 거를 수가 없어 세면대 거울은 선택이 아니라 필수다. 그런 거울이 언제부터인가 가까이하고 싶은 마음이 싹 가셨다. 하루가 다르게 변하는 몰골을 보노라면 괜히 마음보가 뒤틀리기 때문이다. '제 낯 그른 줄 모르고 거울 탓한다.'라는 말이 은근히 나를 빗대는 것 같아 쑥스러워진다.

지금 거울에 비친 사내의 낯빛은 어떠한가. 조붓한 얼굴 곳곳에 밉상이 흐른다. 세월에 치여 모난 성품도 곰삭고 편안한 얼굴이 될 나이지만 이마에는 골주름이 깊이 파여 심술이 꼬물거린다. 염치없이 눈썹에는 성글게 희끗희끗 서리가 내려앉았다. 변변한 글 한 편 엮지 못하는 주제에 마량馬良의 백미白眉 앞에서는 민망한 일이다. 갈고랑이보다 더 작아진 거적눈 주위에는 실금이 꼼지락거린다. 입 언저리는 심술궂은 노틀인 양 팔자주름이 서슬 푸르고 검버섯도 궐기하듯 여기저기 돋치고 있다. 허리는 산자락 휘듯 굽어간다.

돋보기안경을 쓴 채 우연히 거울 앞에 마주한 적이 있는가. 거울 속 허접한 얼굴이 나 자신임을 깨닫는 순간 한숨이 절로 나온다. 마주치고 싶지 않은 낯선 화상이 그곳에 있기 때문이다. 풀칠한 듯 거칠고 메마른 낯가죽에 어디 숨어 있다가 기어 나왔는지 깨알같이 박힌 잡티와 곰보 딸기처럼 숨구멍이 숭숭 난 안면지도顔面之圖.

얼굴은 한 인생이 살아온 삶의 궤적이며 그림자라 했다. 어르신네라고 억지떼를 쓰는 모습이 아니라 노을 품은 강물처럼 유유하고 너그러운 풍모였으면 좋았을 것이다. 하지만 거울 속의 자태는 여유롭고 따뜻한 인품과는 거리가 멀어 보인다. 불교에서도 저승길 입구에 명경대明鏡臺를 설치하여 살아 있을 때의 행적을 낱낱이 들추어 징계한다며 선행을 부추긴다. 지금이라도 선한 마음으로 살아가다 보면 업장이 다소 소멸하지 않을까.

거울은 신의와 애정의 증표이기도 했다. 새색시가 시집올 때 지녀 온 경대 앞에서 수줍게 화장하는 정경은 상상 속에 있을 법한 그림이 되었다. 옛사람들은 멀쩡한 손거울을 반쪽씩 쪼개어 훗날을 약속하는 언약의 표시로 가슴에 품고 그리움을 달랬다. 거울은 한 점에 고요히 머물지만, 사랑이 깨어질 때는 파경이라는 오명을 덮어쓰기도 한다. '거울이 깨어지면 재수가 없다.'거나 '밤에 거울을 보면 소박당한다.'든지 근거 없는 속설에 말갛게 생긴 거울로서는 황당하고 억울한 일이다. 하지만 실오라기 한 점 걸치지 않은 목욕탕에서 은밀히 누리는 호사에 비하면 그깟 수모쯤은 견디어야 하지 않을까.

고등학교 시절, 병원 응급실에 실려 간 적이 있었다. 연탄가스에 중독된 줄도 모르고 일어나려다가 정신을 잃고 나둥그러지고 말았다. 넋 놓는 순간, 머릿속에서 섬광이 번쩍이듯 온갖 잡념이 사라지고 거울같이 맑은 우주가 청정하게 펼쳐지는 것 같았다. 명경지수였다. 한 번도 경험해 보지 못한 무념무상의 경지가 이런 경우가 아닐까.

얼마나 지났을까. 누군가가 애타게 내 이름을 부르는 소리에 눈을 뜨니 병원 응급실이었다. 의식이 돌아오면서 머리가 깨어질 듯 아팠다. 그 고통은 내가 연탄가스가 날름대는 이승으로 돌아왔다는 의미지만 생사의 갈림길에서 체험했던 경이로운 공空의 세계가 지금껏 잊히지 않는다.

거울 앞에 서면, 허욕으로 꿈틀대는 낯 두꺼운 얼굴이 보인다. 허물은 흡수하고 실한 것은 비추며 허한 것은 투과하는 거울처럼, 명경지수의 무구한 마음으로 살아가기에는 나는 영락없는 속물 덩어리다. 아무래도 이번 생은 글렀지 싶다. 지금껏 살던 대로, 생긴 대로 살다 갈 일이다.

어찌 이런 일이

화생방 경보

달포 전에 새집으로 이사했다. 수석장이 들어설 자리가 없어 내 방에는 돌무덤이 한가득하다. 마치 선사시대 고인돌을 옮겨놓은 듯 어수선하다. 습기를 잔뜩 머금은 날에는 돌에서 갯내가 묻어나오고 서가에 어지럽게 꽂혀 있는 고서에서는 묵은지紙 냄새가 난다. 이런 날은 공기청정기가 알아서 열일해야 한다. 부유하는 먼지를 집어삼키고 꿉꿉한 냄새를 흡입하여 소리 없이 청정 업무를 수행한다. 그러니 평소에는 그의 존재를 잊고 살 만큼 정숙하고 과묵하다.

그러던 어느 날 새벽녘이었다. 느닷없이 방안에서 윙윙대는 소리가 들려왔다. 갓 시집온 새댁처럼 음전하던 청정기가 가쁜 숨을 토해내며 맹렬하게 팬을 돌린다. 이게 무슨 일인가.

잠이 덜 깬 부스스한 상태로 녀석을 관찰하니 몸체 정면에 'GAS'라는 초록색 글자가 깜박거리고 있었다.

가스라니. 난데없는 가스경보라니. 나는 눈앞에 일어난 상황이 이해되지 않아 어리둥절했다. 그 순간 아차! 집히는 게 하나 있었다. 엊저녁 술안주 삼아 게걸스럽게 먹었던 삼겹살이 원흉이었다. 속이 더부룩하고 아랫배에 가스가 차올라 침대에서 몇 차례 힘들여 방출한 사실이 떠올랐다. 범인은 그놈이었다. 걸쭉한 냄새를 풍기는 황화수소 가스가 낮게 깔리며 살포되자 지금껏 경험하지 못한 유독가스 공습에 화들짝 놀란 공기청정기가 화생방 경보를 발령한 것이다.

허접한 인간이 저지른 생리현상을 모른 척 눈감아주면 될 일이었다. 쓰잘머리 없이 결사코 항거하는 결벽증 때문에 주인 체면을 구기고 말았다. 이 면목 안 서는 일이 있고부터 나는 간헐적으로 앙갚음을 시도한다. 온종일 신고 다닌 구린 양말을 개념 없는 개코 앞에 흔들어 대며 복수혈전을 벌인다.

방범 경보

알딸딸하게 취해 귀가하던 어느 날 밤이었다. 건들거리며 서 있기만 해도 아파트 현관 출입문이 스르르 열린다. 그뿐만 아니다. 운행 중인 엘리베이터 문이 자동으로 열리면서 주민을 정중하게 맞이한다. 거주하는 층의 버튼을 애써 누르지 않아도 정확하게 내리는 층에 멈춰 선다. 입주민 출입 전자카드를 몸에 지니기만 하면 척척 알아서 안내하는 인공지능시스템에 혀를 내두른다. 이 정도면 특급호텔 도어맨 서비스가 부럽지 않을 지경이다. 그러나 입주민으로서의 자부심과 긍지는 딱 여기까지였다.

집 앞 카메라 모니터에 얼굴을 들이댔다. 공항의 법무부 출입국 심사대에서 민낯을 드러내는 장면과 닮았다. 필경, 모니터 영상 속 이모티콘 여인이 웃으면서 "주인님, 어서 오세요." 하며 문을 열어 줄 것을 기대하면서…. 그런데 어쩐 일인지 선뜻 문을 열어 줄 생각을 안 한다. 한껏 기분이 좋았다가 술이 확 깨는 순간이다. 감히 주인을 몰라보다니. 눈심지를 빳빳이 세우고 모니터를 노려보았다. 하지만 그곳에는 나도 처음 보는 낯선 사람이 헤벌쭉거리고 있었다. 쭈글쭈글한 대추같이 검붉은 얼굴에 눈이 게슴츠레 풀려 궁상스러워 보인다. 길거리에서 비슬거리는 술꾼 A, B, C 중 한 명이다.

아니나 다를까. 홍채인식 모니터에서 '방범 녹화'라는 큼직한 자막이 껌벅인다. 이 집의 호주戶主가 아니라고 판독하고 정체불명의 취한이 접근했다는 경고신호를 보낸 것이다. 이 아파트가 어떻게 당첨되었는데 주인 어르신을 방범 녹화 대상으로 몰아가다니. 이 상황은 경비실로 실시간 전송되었을 것이고 여차하면 순찰 방망이를 든 경비원이 들이닥칠 위기에 놓이게 되었다. 융통성이라고는 눈곱만큼도 없는 사물인 터넷 얼간이 앞에 더는 어쩔 수 없어 백기를 흔든다.

 결국, 문을 열어 준 사람은 아날로그 시대를 함께 살아온 아내였다.

4월의 바람꽃이 되어

사월이 오면 마음이 후두두 흩어진다. 철쭉꽃이 진 자리에 두견의 핏빛 절규가 머물 듯 내 가슴에는 한이 여울진다. 연초록 계절에 슬픈 전설이 되어 떠나버린 그가 봄날 꽃바람에 실려 영혼의 몸짓으로 휘적휘적 걸어온다.

허물투성인 나를 품어 준 몸알리가 있었다. 나의 심장을 펄떡이게 하는 산소 같은 존재였다. 지음知音으로 맺어진 백아와 증자기처럼 거문고의 인연은 없지만 서로를 인정하고 경쟁하며 알알이 여물었다. 나는 지극히 그를 우애했다. 그는 주변의 반대를 뿌리치고 내가 다니는 학교로 전학까지 왔던 친구였다. 무모했으나 순수했고 유순했지만 심지가 깊었다.

우중충한 회색 교실의 희미한 형광등 아래 함께 책을 펼쳐주었다. 지쳐 가는 친구에게 어깨를 내어주고 안갯길 동행을 주저하지 않았다. 청춘이 마냥 즐겁기만 했을까. 산소가 수소를 만나 한 점 티 없는 순수純水를 일구듯, 우정의 숭고한 이름으로 함께 뒹굴고 번민하며 내일을 꿈꾸었었다.

졸업 후, 군대도 앞다투어 입영했다. 그는 월남 전선의 정글을 누비며 의무병으로 전우와 자유의 가치를 지켜낸 전사였다. 귀국하자마자 한걸음에 전방부대에 있는 나를 면회 와 얼싸안은 친구. 그가 있는 곳에 내가 서성거렸고, 내가 머문 곳에 그가 어슬렁거렸다. 인생과 문학이 뒤엉켜 포장마차를 들썩이고 담배 연기 속에 실연의 아픔을 뱉어내며 소주잔을 비워 내던 고뇌의 순간도 있었다.

내가 공무원이 되니 그도 뒤따랐다. 나는 관세청 소속으로, 그는 법무부 소속 공무원이 되었다. 하나뿐인 누이와 결혼하여 매제가 되는 경사도 있었다. 어렸을 때는 온갖 해찰을 부리는 죽마고우로, 철이 들었을 때는 막역지우로, 누이와 결혼해서는 끈적한 인척으로 이어졌다. 누가 봐도 한평생을 더불어 늙어 갈 것으로 생각하지 않았을까.

평범하게 살아간다는 것이 비범한 일상임을 깨닫는 데는 오래 걸리지 않았다. 봄꽃이 화사한 어느 날, 달리던 트럭에 실린 타이어가 떨어지면서 그 옆을 지나가던 친구를 덮치고 말았다. 누이는 남편을, 조카는 아버지를, 나는 매제이자 친구를 동시에 잃고 말았다. 한나절 절정으로 피었다가 문득 떨어져 나간 동백꽃 같은 생이었다. 그가 황망히 먼 길 떠나려 할 때, 산천은 눈이 시리도록 푸르렀고 구름은 한가롭게 떠다녔다. 사월은 그에게 잔인하고 무엄했다.

 지금도 나는 그날을 잊을 수 없다. 천자봉 공원묘지에 그를 묻고 돌아서는 산자락, 먼 산에서 들려오는 뻐꾸기의 구슬픈 울음소리를…. 장례식 내내 속울음을 삼키던 누이가 마침내 어깨를 들썩이며 오열했다. 오빠의 친구가 아니었다면 누이와 인연이 닿지 않았을 것이고, 생때같은 친구도 이런 비극적인 순간을 비껴갔을지도 모를 일이었다. 불면의 밤은 깊어져 가고 새벽은 더디게 왔다.

 늦봄이 가는 길목에 뻐꾹새가 울어대면 마음이 헛헛해진다. 한 평 남짓한 묘비 아래 잠들려 이 세상에 왔을 리 없건만 그가 떠난 지 어느덧 십 년이 지났다. 함께 이루려던 찬란한 꿈은 허망해지고 내 인생의 한 허리를 베어간 그가 못내 야속하고 애달프다. 생전에 눈을 지그시 감고 즐겨 불렀던 '웨딩드레스'가 귀에 맴돈다. 그때는 몰랐지만, 슬픈 운명을 예견하듯 아내를 향한 사모곡이었을지도….

 오늘은 그가 오는 날이다. 그의 혼령을 맞이하는 단아한 누이의 모습은 북향화의 정절을 보듯 오롯하다. 초혼의 예를 올린다. 그가 남긴 핏줄은 영전에 무릎 꿇고 경건하게 술을 따른다. 사랑하는 딸은 어진 남편을 만나 실내 디자이너로, 듬직한 아들은 서울의 Y 대학에서 제자를 가르치는 꿈을 이루었거늘 고인은 흔쾌히 흠향하고 대취하시라.

 한때 그와 함께 달려온 유장한 세월, 오십여 년의 정한이 촛대에 흘러내리고 숙연한 밤은 깊어져 간다. 나는 끊어내야 할 백아의 현絃도 없으니 헛된 거적만 움켜쥐고 한 잔의 술로 강섶 너머에 서성거리고 있을 그를 기린다. 시구처럼 그는 떠났지만 나는 아직 그를 떠나보내지 않았다.

> 봄날 먼 산 아지랑이/ 피어오르면/ 꽃망울 터지듯/ 불현듯 솟아나는 얼굴 하나/ 뭘 그리 바빠 총총히 떠났는가/ 간밤의 꽃샘바람으로/ 벚꽃이 어지러이 흩어지고/ 온 산하가/ 푸르게 물들 때 미련 묻고/ 떠난 사람/ 그리도 그곳이 그립던가/ 아름다운 내 친구야.*

해마다 4월이 되면 그가 바람꽃으로 돌아온다. 천 개의 바람이 되어** 우리 곁으로 다가온다.

---

* 작자, 제목 미상
** 임형주의 '천 개의 바람이 되어' 노랫말 인용

어목혼주

불신이 만연한 세상에 살고 있다. 가짜가 진짜처럼 행세하며 거드름을 피우니 진짜 속이 부글부글 끓는다. 중국산이 국산으로 둔갑하여 시중에 공공연히 나돌아 우리 토종 농산물이 뒷전으로 밀려나기도 한다. 돔이나 광어가 자연산이라고 우기는 횟집도 더러 있다. 깐깐한 고객이 따지고 들면 요즘 세상에 순수한 자연산이 어디 있느냐며 외려 핀잔을 준다. 차라리 속 편하게 양식 횟감을 주문하는 편이 값도 싸고 실속 있다. 오죽했으면 '진짜가 나타났다'라는 노래가 유행할 정도로 가짜가 범람하는 걸까.

  중국 여행을 갔을 때, 짝퉁 시장을 가볼 기회가 있었다. 당국의 묵인 아래 이루어지는 것인지는 알 수 없지만, 이름값 하는 상품이 공개 시장에서 버젓이 상거래 된다는 것이 놀라웠다. 전문가의 안목이 아니고는 진품과 식별할 수 없을 만큼 정교했고 가격도 생각보다 비쌌다. 관광여행 기념으로 혁대를 하나 샀다. 금으로 도금된 짜가지만, 모조품 하나쯤 지녀도 탓할 사람은 없을 것이라는 얕은 생각도 깔려 있었다.

짝퉁인 줄 알면서 몸에 지니는 사람들의 공통된 마음은 명품을 갖지 못한 보상심리 같은 것이 아닐까. 인간의 허영심을 꼬드기는 주범은 과시욕이다. 남에게 자신을 뽐내고 으스대고 싶은 헛심이다. 허영심은 감출 수 없는 인간의 원초적인 본능이자 허욕의 다른 얼굴이기도 하다. 명품이 불티나는 까닭이다.

중국산 '비아그라'를 대량으로 폐기 처분한 적이 있었다. 비아그라는 원래 심혈관 치료제로 처방되기도 했으나 남성들에게 엉뚱하게 발기부전 상비약으로 주목받아 한때 인기가 대단했다. 밀수한 비아그라를 전문기관에 분석 의뢰한 결과 성분이 과하거나, 미흡하다는 통보를 받았다. 복용한다고 효험(?)이 없는 것은 아니지만 규정된 성분 함량을 충족하지 못해 불합격된 약품이다. 정품이 아니라는 죄목으로 화형 처분 당하는 비아그라의 처지에서는 다소 억울한 일이었을 게다.

밀수 홍보 및 소비자 보호 차원에서 '가짜상품 밀수전시회'를 세관 박물관에서 개최한 적이 있었다. 전시회 준비 실무책임자였던 나로서는 진품과 가품을 나란히 비교 전시할 물품을 확보하는 일이 최우선 임무였다. 시내 면세점을 방문하여 전시회의 취지를 설명하고 협조를 요청하여 다행히 많은 협

찬을 받았다.

　롤렉스, 피아체 등의 고가 시계와 샤넬, 헤르메스, 구찌 등 핸드백 제품, 페라가모, 뒤퐁 등 혁대 수 점을 박물관에 반입하여 밀수입된 짝퉁과 식별할 수 있도록 전시하였다. 젊은 여성들은 대부분 유명 브랜드인 핸드백에 시선이 몰렸으나 중년 남성들은 롤렉스 등 고가 시계와 혁대에 관심이 많았다. 애주가들의 관심 품목인 양주 코너도 마련했다. 가짜 양주를 확보하는 데 애를 먹었지만, 예상한 대로 술을 즐기는 주당들의 호기심이 각별하여 성황을 이루었다.

　전시회를 마무리하고 고가의 명품 시계를 면세점에 반납하면서 일어난 일이다. 진품 롤렉스 시계와 짝퉁 시계를 수거하면서 관리 실수로 뒤섞이고 만 것이다. 외관상 육안으로 식별할 수 없어 전문가의 감정을 의뢰하는 등 작은 소란이 일어났다. 다행히 면세점에서 출품할 당시 시계의 고유식별번호를 기록해 둔 덕분에 옥석을 가려내기는 했지만, 당황했던 순간이 지금도 생생하게 떠오른다. 진실이 밝혀질 때까지 진품이 가짜 속에서 수모를 당하며 곤욕을 치른 경우였다.

　어목혼주魚目混珠라는 고사성어가 있다. 중국 송나라 때의 고사로 물고기 눈이 진주와 뒤섞인 혼란스러운 세태를 풍자한 말이라 할 수 있겠다. 우리네 삶도 옥돌과 푸석돌이 뒤엉켜 한몸으로 굴러가고 있는 것은 아닐까. 정직하고 헌신하는 행간에는 향기가 피어오르지만, 위선적인 행보에는 공허한 그림자가 어른거린다.

  돌이켜 보면, 나도 온전히 자신의 인생을 살아온 것이 아니라 누군가를 의식하며 가식적인 삶을 꾸려온 것인지도 모른다. 지금이라도 남은 생에는 자신에게 진솔한 영혼으로 살다 갔으면 좋겠다.

  내로남불로 불신이 팽배하고 진실을 외면한 채 거짓을 선동하는 사람이 활보하는 세상이다. 거짓말하면 코가 자란다는 피노키오의 동화를 되새겨 보면 어떨까. 흐릿한 명태 눈과 구슬이 뒤엉켜 혼탁한 세상에 진실은 어떤 모습으로 우리 앞에 다가오는 것일까. 마냥 기다려진다.

여의도 수박

　내 혈관 속에는 포도당이 졸졸거린다. 잠포록한 날 산행 길에 오르면 모기들이 사족을 못 쓰고 내게 달려든다. 내 몸 어디선가 단내를 풍기는 세포에 빨대를 꽂으려는 몸짓이리라. 대사증후군에 노출된 주변 친구 중에 당뇨 합병증으로 투병하며 힘든 여생을 보내는 모습을 보면 마음이 무겁다. 탄수화물 섭취를 줄여 소갈증을 달래고 싶지만, 가려서 먹어야 하는 섭생이 생각만큼 간단하지 않다.

　쌀밥은 말할 것도 없고 입안 가득 고이는 과즙의 유혹도 뿌리쳐야 하고 세계인의 입맛을 달구는 커피 믹스도 멀리해야 한다. 앙증맞은 찻잔에 피어오르는 에스프레소 향을 품격 있게 즐기려 하지만 내 취향은 아니다. 소태 씹는 쓴맛보다 달달한 것이 더 당긴다. 이런 나에게 여의도 원두막에서 한물 지난 수박 논쟁이 벌어져 내 속을 확 뒤집어 놓는다.

수박이란 90% 정도의 수분에 당도와 기타 물질로 구성된 덩굴 열매에 속하는 여름철 과일이다. 수박은 과일 당도 측정 단위인 13Brix가 초과하면 달고 맛있다고 한다. 우리 몸을 지탱하는 에너지원으로 포도당만 한 영양소가 없다고 하니 귀담아들을 일이다. 글루코스는 활력을 불러일으키며 사랑에 달뜨고 실연을 견뎌내게 하는 에너지를 분출하는 힘의 원천이다.

작년까지만 해도 수박으로 된더위에 시달리고 지친 입맛을 돋웠다. 특유의 시원하고 달콤한 향미에 홀렸지만, 올여름에는 수박 한 조각 맛볼 수 없었다. 아내가 혈당 관리에 백해무익하다며 집안 내 반입금지 봉쇄령을 내렸기 때문이다.

여의도 농막에서는 언제 수박 서리를 당했는지 범인 색출에 혈안이다. 겉은 천연스럽게 푸르딩딩하지만, 그놈 속에 새빨간 거짓말을 배태하고 선정적이고 배반의 장미 같은 붉은 속살을 품었다는 게 혐의 내용이다. 죄 없는 수박이 여기저기서 나뒹굴어 짓밟히고 깨어져 선혈이 낭자하다. 이런 수박을 놓고 겉과 속이 다른 족속들은 여의 섬에서 떠나라고 인신공격을 해댄다.

저잣거리의 모리배도 혀를 내두를 선동으로 숯이 검정 탓하고, 검정은 숯 나무라는 아수라 형국이다. 그 나물에 그 밥인 시꺼먼 까마귀 떼마저 여의도 상공에 날아들어 오줌을 지리고 배설물을 흩뿌린다. 이러니 어느 구름에 비가 들었는지 혼란스럽다. 까마귀와 검정과 숯이 여의도 안팎에서 낯 뜨거운 이전투구로 원두막은 진창이 되어 난장판이다.

살다 보면 표리가 늘 한결같을 수가 없다. 어쩔 수 없이 속내를 숨겨야 하는 경우가 더러 있다. 심중에 맺힌 고를 어찌다 토설할 수 있으며 버선코 뒤집듯 진실을 까발릴 수 있으랴. 시어머니 앞에 다소곳이 고개 숙인 며느리의 미묘한 속마음, 부모 재산을 넘보는 자식들의 느물거리는 속물근성, 출세 가도를 담보하며 면종복배하는 직장인의 속내가 그러하다. 때를 기다리며 꿈틀대는 반란의 날갯짓도 있다. 퇴직금이 손에 들어오는 순간, 버선발로 가정법원에 달려가 황혼이혼을 꿈꾸는 발칙한 꽃할매가 안방 곳곳에 숨어 있다. 이들도 여의도 까마귀 눈으로 보면 겉과 속이 다른 음흉한 속물 덩어리 수박으로 적폐 대상이다.

여의 섬에는 사계절의 풍향계가 멈추어 선 것 같다. 시도 때도 없이 당도까지 들먹이며 원두밭에 고랑을 돋우고 울타리까지 치며 편 가른다. 사람을 두고 색깔론으로 분류하는 것도 모자라 수박 줄무늬를 세 분하고 당도를 측정하여 등급을 매기고 있으니 어처구니없는 일이다. 존엄한 인격체에 수박 탈을 덧씌우고 헐뜯으며 덧칠하고 희화화한다.

아무런 물증이나 근거 없이 당도 없는 수박이 진짜라며 상대방에게 어깃장을 놓으며 삿대질을 서슴지 않는다. 수박조차 함부로 먹을 수 없는 당뇨환자에게 스트레스를 부추겨 은

인자중하던 혈당이 스파이크를 일으켜 혈관 벽을 공격한다. 당도糖度 없는 수박을 먹으니 차라리 못생긴 모과나 호박씨를 씹는 것이 좋을성싶다. 살아 있는 권력 앞에 진실을 외면하고 정적을 죽이는 '조고'의 지록위마指鹿爲馬의 고사가 문득 떠올라 씁쓸해진다.

　옛 어른들은 아이의 맨머리를 만지며 "그놈 참 잘 익었다."라며 다기찬 아이를 대견스러워했다. 아내는 수박을 고를 때 손등으로 박을 뚜드린 후 귀를 쫑긋 세우고 공명의 울림을 듣는다. 통통 텅 빈 소리가 나면 잘 익은 과일이고, 퉁퉁 소리가 나면 아직 설익은 과일로 감별한다. 가히 적요한 새벽녘, 연꽃 터지는 소리를 듣는 청개화성聽開花聲의 경지다.

　속이 빨갛다고 단맛이 특별한 것은 아닐 터이다. 더러는 달면서도 속이 흰 수박도 있고 멜론같이 앙증맞은 아기 수박도 있다. 작열하는 햇빛을 줄무늬 치마로 걷어 들이고 제 몸속을 선홍빛 유혹 덩어리로 가득 채워 여름을 익힌 수박 덩어리. 이를 두고 한심하게 싸우는 인간들을 보면 "호박에 줄 긋는다고 수박이 되냐?"고 업신여김당하던 누렁덩이 호박이 또르르 구를 지경이다. 호박씨 까며 내숭 떤다고 홀대하던 호박 앞에 여의도산産 수박이 채신머리없게 되었다.

　훈훈한 가슴을 가진 사람에게는 남다른 피가 흐르고 있을 것 같다. 피야 맑을수록 좋겠지만 때로는 달착지근한 혈류가 흐르는 사람이 그립다. 뜻이 다른 사람끼리라도 여의도 농막에서 수박화채라도 맛보면서 날 선 마음을 가라앉히면 어떨까. 잎안에서 겉도는 수박씨가 거슬린다고 마구 뱉어낼 것이 아니라, 다름을 인정하고 정성껏 발라내는 상생의 정치가 펼쳐진다면 얼마나 좋을까. 명분 없는 철 지난 수박 논쟁에 얼굴이 홧홧 달아오른다.

제3부

술잔 속의 폭풍

술잔 속의 폭풍
학생 부군 신위
가까이서 멀리
솥단지를 걸다
충장대로의 하루
나의 부처님
댕기 등대
촉루燭淚

술잔 속의 폭풍

얼굴이 복닥해지면서 알딸딸했다. 술지게미로 맷집을 키워왔지만, 제삿술 한 잔으로 구름 위로 붕붕 떠다니는 기분이었다. 얼굴도 모르는 할아버지 기일에 음복술의 신령한 맛을 알게 될 줄이야. 내 나이 겨우 열한 살 무렵이었다.

조직에 몸담으면서 대내외적으로 술을 대작해야 하는 의전 행사가 잦았다. 직장에서의 회식은 은밀한 의미에서 업무의 연장이라 자연히 상사의 의중대로 흘러가는 법이었다. 상사가 한자리에서 수많은 직원을 상대로 술을 마시려면 계급장 떼고 폭탄주를 돌리는 것도 현명한 선택지였다. 다음날 누가 누구를 흉보는 일이 없게끔 미끼를 꿰어놓는 술법이다. 폭죽이 터지는 불꽃놀이를 보듯, 눈으로 즐기고 배짱과 오기로 들이켜는 폭탄주는 주당들의 허풍선과 자존심의 싸움이다.

폭탄주는 제조 방법에 따라 이름도 다양하다. 요즘 애주가

들이 즐기는 소맥은 서민적이고 경제적 부담이 적어 친구들과 바스락거리는 마음을 촉촉이 적시는 데는 안성맞춤이다. 사전적 의미의 폭탄주는 '맥주가 담긴 잔에 양주를 따른 잔을 넣어서 마시는 술'로 정의한다. 맥주와 소주를 황금비율로 섞어 마시는 소맥과는 같은 듯 사뭇 다른 주법이다. 병권을 거머쥔 리더의 카리스마에 술이 녹아들고 제조 기술이 현란할수록 좌중의 분위기를 휘어잡는다.

  회식 자리에서는 으레 연장자나 상사가 우선하여 폭탄주를 제조할 기회가 주어진다. 인원수대로 맥주가 채워진 유리잔을 일렬로 도열시키고 잔과 잔 가장자리에 빈 양주잔을 올려놓고 저울 달듯이 술을 배분하는 의식이 자못 엄숙하다. 종결 묘미는 장풍처럼 뿜어내는 입김에서 나온다. 간당간당 버티고 있는 첫 양주잔을 입바람으로 훅 불어 넘어뜨리면 맥주잔 속으로 연쇄적으로 풍덩풍덩 나가떨어져 버끔거린다. 도미노 이론이 술잔 위에서 증명되는 순간이다. 이름하여 풍덩주다. 마치 삼천궁녀가 낙화암에 뛰어내리듯 장렬하다. 박수가 터져 나온다. 한몸 한마음으로 잔을 높이 들고 누군가를 향하여 위하여!를 외치며 원샷으로 입에 털어 넣는다. 순식간에 온몸으로 와류하는 술기운이 밤의 열기를 후끈 달아오르게 한다.

  비워진 잔에는 다시 채울 수 없는 고독한 울림이 있다. 처마 끝 풍경 소리처럼 청량한 소리를 내게 하는 것도 기예에 속한다. 손가락 세 개로 맥주잔 밑을 가볍게 받치고 흔들어야 크리스털 특유의 맑고 청아한 음을 낼 수 있다. 챙그랑 챙그랑…. 이 여청餘淸한 울림이 폭탄주에 빠져들게 하는지도 모른다. 술판에는 역시 술 잘 마시고 질퍽하니 잘 노는 사람이 엄지 척이다. 개구지고 별난 사나이들을 단숨에 똘똘 뭉치게 하는 힘은 폭탄주가 지닌 마법 같은 위력이다.

중국 세관 간부 일행과 만찬이 있을 때였다. 품격 있는 한식집이었지만 나라말이 달라 주고받는 대화가 끊겨 어색했다. 호스트인 내가 분위기를 띄울 겸 폭탄주를 제안했더니 내심 반기는 기색이었다. 비장의 제조법을 꺼내 들었다. 먼저 맥주를 절반 채운 글라스에 빈 소주잔을 띄워놓고 복분자 술을 바닥에 가라앉을 때까지 천천히 따랐다. 잔 속에서 복분자와 맥주가 서로를 애무하듯 뒤섞이면서 장엄한 노을빛 물색을 피워 올렸다. 마치 검붉은 벨벳을 걸친 여인이 하늘거리며 춤을 추는 듯 고혹적이었다. 먼저 시범을 보였다. 흑장미 붉은 술을 단숨에 들이켜고 이를 드러낸 채 입가에 핏물을 흘리는 드라큘라를 연출했다. 이 기괴스러운 폭탄주에 썰렁한 분위기가 일시에 뒤집혔다. 그날, 단 하룻밤 사이에 드라큘라 폭탄주의 기습공격으로 견고하던 만리장성이 허물어지고 성 위에 백기가 나부꼈다.

내가 경험한 폭탄주에는 수소 폭탄주, 회오리주, 붉은 악마주, 화합주, 접시두루미주, 신발주, 침몰주 등 헤아릴 수 없을 정도로 다양하다. 술좌석에서는 침몰주 만큼 재미있고 짜릿한 놀이도 없다. 맥주 반 잔에 소주잔을 띄운 다음 좌중에서 돌아가며 소주잔에 술을 채운다. 자기 차례에 술잔이 침몰하지 않아야 살아남는다. 술잔 속에서 폭풍이 일렁인다. 하지만 술잔도 차면 기우나니. 운 나쁘게 최후에 난파선을 수장시킨 주객이 벌칙으로 침몰주를 마시게 하는 게임으로 흥분과 긴장감으로 술이 도로 깬다. 주당들에게 한 번쯤은 권하고 싶은 술자리의 별난 유희다. 혹시 시범을 원한다면 언제든지 술상 차려놓고 고수를 모셔 가면 될 일이다.

 한일 월드컵으로 붉은악마의 응원이 전국을 들썩이게 할 무렵이다. 내가 측근에서 모시던 S 기관장께서 주말에 서울 다녀오시더니 최신형 폭탄주를 전수했다. 붉은 악마의 응원 구호가 끝나기 전에 폭탄주를 원샷해야 하는 일명 붉은 악마주였다. 특징은 마시는 속도전이다. 이럴 테면 "대 ~ 한 ~ 민 ~ 국"을 외치고 박수를 "짝짝짝~" 세 번 칠 때까지 잔을 비우지 못하면 벌주가 내려졌다. 붉은 악마주 신드롬으로 월드컵 응원가가 술집마다 떼창으로 울려 퍼졌다. 월드컵 4강 신화가 그냥 된 게 아니다. 술이 과해 해롱거리기도 했지만, 애국심 하나만은 술을 입에 대지 않는 사람에게 절대 밀리지 않았음이다.

 일부에서는 곡절 많은 폭탄주를 두고 무식한 술꾼으로 몰아세우고, 군사문화와 권위주의 시대의 잔재로 청산해야 할

음주문화라며 목소리를 높이기도 한다. 하지만 폭탄주도 생을 관통하는 울림과 삶에 대한 제시어가 농축되어 있다. 톡 쏘듯 쓴맛의 보리술인 맥주도 까칠한 양주를 차갑게 식히고 아우르며 새로운 이름, 폭탄주로 거듭 태어난다. 태생이 다른 발효주와 증류주가 서로 다름을 인정하고 환상적인 궁합으로 이루어 낸 걸작품이 아닐까.

　모서리에 부딪히고 상처받은 사람에게는 화합주로 위로하고, 오만한 사람에게는 수소 폭탄주로 세상이 만만하지 않다는 것을 경고한다. 성질 사나운 사람에게는 접시 두루미주로 인내의 매운맛을 알게 하고, 신발주로 고락을 같이하며, 마음을 뒤흔드는 회오리주는 지친 삶을 다독여 준다.

　오늘따라, 폭탄주 몇 잔에 땅이 솟구치고 가로등이 춤추며 전봇대가 달려드는 골목길 선술집이 그립기만 하다.

학생 부군 신위

1911년 신해생. 155cm 오척단구. 몸무게 43kg. 학력 무. 2003년 졸. 현 거주지는 정관 추모공원묘지 615호다. 93세까지 나의 아버지로 살다 가신 망인의 한 줄도 안 되는 신상명세서이자 이력서다. 지학志學에 뜻을 두어야 할 창창한 나이에 하얼빈과 만주벌판을 유랑하고 일본에서 망국의 한을 달래며 드난살이로 빛나야 할 약관을 흘려보냈다. 호구지책으로 술도가 점원으로 있다가 혼기가 차 조선에 돌아와 훗날 나의 어머니가 될 풍호댁과 백년가약을 맺은 후 일본으로 건너갔다. 해방되던 해 아들 딸 앞세우고 귀국선 뱃머리에 올랐지만 반겨 줄 사람 하나 없는 고립무원이었다. 슬하에 4남 2녀를 두었으나 생때같은 자식 셋을 잃는 참척의 아픔을 겪으며 모진 세월을 온몸으로 떠받치며 살아냈다.

생전에는 농사짓는 일을 천직으로 알았다. 소작인의 온갖 설움 딛고 일군 논밭 여느 마지기가 고작이었지만, 가족의 생계를 잇는 목숨줄이었다. 나는 갖은 역경 속에서도 악착같이 살아남은 2남 1녀 중 둘째 아들이다. 어릴 적 역병 등으로 일찌감치 돌아올 수 없는 지하 동굴로 떠난 누님과 형의 모습을 제대로 기억하지 못한다. 살아남은 핏줄로서 예의가 아니지만 내가 감당해야 할 부끄러움은 아니다.

선친은 온화하면서 대찼다. 어느 날 논에 물꼬를 대면서 이웃 논 주인과 시비가 붙었던 적이 있었다. 상대는 허우대가 전봇대 같은 동네 왈패로 던지럽다는 소문이 난 사람이었다. 부친은 작은 체구에 타지에서 왔다고 몰캉하게 보고 텃세 부리던 그가 뇌꼴스러웠을 것이다. 이런 묵은 감정 끝에 급기야 몸싸움이 벌어졌는데 아버지가 그 육척장신을 논바닥에 벼락같이 내리꽂고 말았다. 삽시간에 물이 흥건한 볏논에 우람한 장정이 거꾸로 처박힌 몰골이 어떠했을까.

현장을 목격한 구경꾼들이 무논을 헤집고 들쑤시는 미꾸라지보다 더 빠르게 인근 십 리 밖으로 괴담을 퍼 날랐다. 내게 끝쩍대던 또래의 껄렁이도 그 사건 후로는 얼씬거리지 않는 것으로 보아 요즘 말로 아빠 기회 덕을 톡톡히 본 것이리라. 나중에 안 사실이지만, 엄친께서는 나고야에 있을 때 유도를 익혀 자신 한 몸은 지킬 수 있는 당찬 어른이었다.

시골에서 보낸 유년은 반딧불처럼 짧았다. 두레상에 앉아 한솥밥 식구로, 겨울밤 아랫목에 언 발 녹이며 혈육의 정을 토닥거리며 어버이 품에서 오래 살 줄 알았다. 하지만 어느 날 문득 다가온 갈림길에서 흙 만지던 농촌 아이가 회색빛 도회지로 내몰린 미숙아가 되었다.

　내가 고향을 들락거리며 부모님을 맘껏 뵐 수 있었던 것은 결혼 이후의 일이었다. 햇살이 따뜻한 댓돌에 앉아 엷게 졸고 있는 아버지를 뵈었을 때는 기력이 다한 삶의 쉼표 같은 모습에서 알 수 없는 비애가 차오르기도 했다. 생전에 가끔 문안 올리고 사립문을 나설 때면 등 뒤에서 들려오는 나직한 기침 소리가 지금도 귓가에 머물다 쓸쓸히 흩어진다.

　누렇게 바랜 『천자문』을 펼쳐 놓고 비료 포대 쪽종이에 또박또박 한문을 써 내려가던 아버지였다. 서당에라도 다니셨더라면 당신 아들보다 똑똑하지 않았을까 싶다. 배우지 못한 갈증이 망백을 바라보는 나이에도 책을 놓지 않으셨다. 밤이면 희미한 등잔불 아래 새끼를 꼬면서 배움은 때가 있다며 유랑생활을 회고할 때는 어린 나이에도 새끼 꼬이듯 마음이 아렸다.

　올해로 돌아가신 지 스물한 해가 넘었다. 지금은 추모 공원에 모시고 성묘하지만, 여러 해 동안 위패를 모시고 제사를 지냈다. '현고 학생 부군 신위' 뜻인즉슨 "배우는 학생으로 인생을 살다 돌아가신 아버지의 신령이시여. 나타나서 자리에 임하소서."이다. 선친의 저승 세계 품계이자 직위이다. 누구의 아들이자 아버지로, 지아비로, 임자와 이녁으로 불리며 생전에는 어떤 지위도 갖지 못했다. 걸쳤던 흰 두루마기 지붕 위에 훨훨 던지고서야 비로소 얻은 문패 같은 명함이자 신분증이다. 갓을 씌운 향나무 위패 함에 정좌하고 계시다가 후손이 받들어 올리는 제에 학생 신위로 의젓하게 강림하신다.

　전생에 배움으로 허기졌던 한을 떨치고 글을 읽는 학생 부군으로 거듭나신 아버지야말로 저승 가시어 입신양명하신 것이다. 나라님도 성균관 유생들은 어쩌지 못했던 결 푸른 선비가 아니던가. 고결한 학인學人으로 영면에 드신 지 이십여 년, 지금쯤 망인께서는 『천자문』과 『동몽선습』은 후딱 떼었을 터이고 『사서삼경』을 읊으시며 깨우치는 즐거움에 기뻐하고 있지 않으실까. 그 옛날, 가친을 괴롭혔던 밀주 단속 관리, 청솔가지 적발하려는 산림청 직원, 아이의 울음도 그친다는 순사 나리, 대농가의 지주 어른도 지금은 똑같은 학인의 신분일 터니 텃세나 세도를 부릴 수 없는 북망산천에 편히 잠드신 아버지.

　학생 부군 신위는 혼령을 초혼하는 지방紙榜이지만 산 자가 죽는 날까지 배우는 학생으로 살다 가야 한다는 지엄한 경고문이라는 생각이 든다. 오늘 기일을 맞아 선비로 거듭나신 선친께 애틋한 글 한 줄 짓고 술 한 잔 따르노니 흠향하시고 부디 선경仙境에 드소서.

가까이서 멀리

짬밥을 먹어 본 사람은 알아듣는다. 사주경계 요령. 좌에서 우로, 우에서 좌로 상호 겹치게 감시한 후 가까이에서 멀리, 다시 원거리에서 근거리로 훑으며 적의 동태를 중첩 관찰하는 전방 소총 부대의 '초소 근무 감시 요령' 수칙이다.

인생의 목표도 관찰수칙 교범을 원용하면 느슨해지려는 노년을 그물망처럼 촘촘하게 엮어 갈 수 있다는 생각이 든다. 우선 당차고 원대한 포부도 중요하지만, 손에 잡히는 현실적인 계획을 세워야 한다. 이럴 때 사주경계 요령대로 실천할 수 있는 단기목표를 먼저 설정한 다음 먼 곳을 주시하듯 장기 플랜을 설계하는 게 현명한 방법일 것이다.

내 나이에 삼 년 후의 일을 입에 담는다는 것은 염치없는 일인지도 모른다. 하지만 인생 최고의 설렘은 아직 살아보지 않은 날이 아닐까. 삼 년이라는 세월도 만만찮다. 경우의 수가 많아 미래의 부처인 미륵불도 예측하기 어려운 미지의 날이다. 가까운 지인들이 하나둘 등걸음치다 보니 장담할 수 없는 것이 여생이지만 구더기 무서워 장 못 담그랴. 한 그루 사과나무를 심는 평상심을 잃지 않는다면 미래 어느 날에도 내가 존재하리라 믿는다.

　버킷리스트 1호는 가슴 깊숙이 숨겨두고 있었다. 드러내 놓고 안달한다고 이루어지는 일이 아니었기에 더욱 그러했다. 그런 간절한 염원이 궂은날 뜻하지 않은 여우별 반짝이듯 다가왔다. 언젠가는 수필가로 등단하고 싶다는 간절한 염원이 현실로 다가온 것이다. 항해의 길라잡이 나침반처럼 좋은 글 스승을 만난 인연이 행운이자 축복이었다. 내 버킷리스트의 첫 번째 소망이 벙글어 터졌으니 올 한 해 가을걷이는 이만하면 어거리풍년이다. 도리깨질로 콩 타작하는 농부의 구슬땀인들 이리 영롱할까.

　버킷리스트는 2호는 '제주 올레길 완주' 계획이다. 애초 제주도 한 달 살기를 작정하고 떠나려 했으나, 코로나19 사태로 시절이 하 수상하여 지금껏 미루고 있었던 올레길이었다. 사무실 업무도 대충 인계해야 하고 수업도 결강해야 하는 등 크고 작은 걸림돌이 남아 있다. 잠시 일상을 벗어나려는 것뿐인데 왜 이렇게 질척거리는 것이 많을까. 하지만 메마른 심연에 신선한 물빛을 가득 채울 수 있다면 도전을 뭉그적거릴 일은 아니다.

 제주 올레길의 완주는 나의 로망이다. 425km 스물여섯 코스. 몇 년 전부터 시나브로 걸었지만, 아직 가보지 못한 코스가 절반가량 남아 있다. 댕기 리본 길라잡이가 펄럭이는 올레길. 해안 비경이 흘러내리는 송악산 둘레길과 수월봉 지질공원 해변로의 황홀한 저녁놀을 상상하면 심장이 쿵쾅거린다. 떠나는 자만이 목적지에 도착할 수 있다는 길손의 말에 탐라 푸른 물꽃이 눈앞에 출렁인다. 이십여 년 전 제주 공항에 첫발을 디딘 인연의 섬. 희미한 추억도 더듬어 보고 푸른 바닷속 '이어도 전설'도 바람결에 전해 듣고 싶다.

 버킷리스트 3호는 올해 중에 반듯한 수필집 한 권 펴내는 일이다. 미룰 수 없는 단호박 농사다. 내 생에 또 다른 이정표이자 자전적 묘비명 같은 것이다. 초가지붕 이엉 얹듯 내 이름의 문패가 달린 수필집[屋]을 짓는다는 생각만으로도 가슴이 설렌다. 염주 알 굴리듯 헤프지 않게 글줄기를 엮고 글밭이 난삽하지 않도록 철 따라 이랑을 돋우고 잡초도 솎아낼 요량이다. 그래야 제대로 영글어 살캉거리는 단호박 맛을 볼 수 있지 않을까.

버킷리스트 4호는 맛집 찾아 나서기다. 식도락가의 맛매를 즐기며 주유천하하고 싶지만, 아내의 호응 없이는 실천하기 어려운 항목이다. 풍미를 가려먹는 미각은 식객 못지않지만, 아내 없이 혼밥한다는 것은 소素 없는 만두를 먹는 것이나 진배없다. 나이가 있어 캠핑카의 낭만은 접었지만, 자가용 옆자리에 물주를 모시고 입맛 당기는 맛집 찾아 나설 꿈에 부푼다.

  식객 '허영만의 백반 기행'처럼 순례하려면 음식값과 숙박비, 교통비 등 경제적 부담이 수월찮을 것 같아 입안이 소태 맛이다. 세월은 기다려 주지 않고 몸은 하루하루 지쳐 가는데 아내의 곳간 열쇠가 문제다. 인수분해하듯 묘안을 짜낸 끝에 아내에게 건네는 협상카드는 감성 전략이다. 여행이 진심인 그녀의 감성을 깨우고 구미가 당기도록 전략을 펼쳐야 한다. 먹성이 살아 있을 때, 입맛이 가시기 전에 대문을 박차고 뛰쳐나갈 일이다. 아내여, 이 글을 읽고 맛길에 분연히 나서라.

  삼 년 후는 어떤 세상과 마주하고 있을까. 그곳에는 현재의 내가 존재하지 않는 세월이다. 목표를 정한 시공간 속에는 적어도 내가 살아가는 이유와 명분이 숨 쉰다. 몇 년 후, 내 소망이 모두 꽃피운다면 그때 또다시 버킷리스트 목록을 작성해도 늦지 않을 터. 처음처럼 좌에서 우로, 가까이서 멀리, 늘 깨어 있는 사주경계로 삶의 지평을 넓혀 볼 생각이다. 발

밑의 양동이를 걷어찰 용기 있는 자만이 죽기 전에 하고 싶은 것을 이룰 수 있으리라. 이룰 수 없는 꿈을 꾸고 그 꿈을 향하여 도전할 용기가 있다는 게 얼마나 멋진 돈키호테적 기백인가. 지금이 바로 그때다. 양동이를 엎어버리자.

* 2021년 가을에 '제주 한 달 살기'를 결행하여 아내와 함께 제주 올레길에 올라 나의 버킷리스트 2호의 꿈을 이루었다.
** 2024년 첫 수필집 ≪졸졸붓≫을 발간하여 버킷리스트 1, 3호도 실현되었다.

솥단지를 걸다

밥솥을 걸었다. 정직하게 말하면 최첨단 쿠쿠 전기밥솥이다. 부뚜막에 솥을 거는 심정으로 콘센트에 플러그를 꽂았다. 밥솥이 경쾌하게 쿠쿠! 작동 신호를 보내온다. 무쇠 가마솥은 아니지만, 집안의 액운을 다스리는 성주신에게 솥단지를 걸었노라고 전기밥통이 신고한 것이다. 태백살太白殺이 하늘로 돌아가 손 없는 날, 아내 따라 거주할 아파트로 가假이사를 하면서 액풀이한다. 새집증후군이 채 가시지 않는 방구석마다 앙증맞은 촛불을 켜고 검붉은 팥을 그릇에 담아 경건하게 이주 신고식을 올렸다.

'잡귀는 물러서거라.'라는 주술적 의식이 열없지만, 엄숙하게 두 손 모으는 아내의 모습에 나도 얼떨떨 근엄한 표정을 지었다. 못난 풍속이라는 생각을 지울 수 없었지만, 좋은 게 좋다는 아내의 설득에 굳이 반박하지 않았다. 우주에 쏘아 올린 '누리호'가 대낮 도시 한복판에 요강단지와 밥솥을 들고 가는 신기한 광경을 포착하였다면 지구로 송신해야 어떨지 분석하느라 혼란스러웠을 것 같다.

　이것으로 이가移家가 끝났다면 내가 가녀스러운 주제로 글을 쓰지 않았을 것이다. 집을 통째로 옮기는 것이 오히려 수월할 것이라는 생뚱스러운 생각이 들 만큼 거처를 옮긴다는 것은 어느 하나 시시콜콜 만만한 것이 없다. 묵은내가 배어 있는 가재도구 등 잡동사니를 정리할 생각만 해도 머리가 찌근거린다. 평화와 권태가 적당하게 공존하는 집안에 고무줄 튕기듯 팽팽한 긴장으로 전운이 감돌기 시작한다.

　아내는 마치 전쟁터의 군수물자 수송관처럼 작전을 짜며 이전 계획을 세운다. 주번 완장을 두르기만 하면 안면박대하던 내 짝지 영희가 연상된다. 곁에서 얼쩡대는 사람에게 이것저것 작업을 지시하는 품새가 예사롭지 않다. 비상시국으로 집안의 중심추가 원치 않는 방향으로 서서히 기울어 가고 있다. 겉으로 보내는 시그널은 언뜻 당부하는 것 같지만 거부할 수 없는 힘이 뻗친다. 일테면, 수석, 앨범, 신발장, 책 정리는 당신이 책임지고 처리하라는 등등….

　이사란 새로운 질서에 편승하는 일이다. 꽁초가 쌓인 재떨이를 비워 내듯 익숙한 일상을 털어내고 더께를 벗겨내는 일이기도 하다. 하지만 유목민처럼 별바다를 누리는 게르의 낭만도 없을뿐더러 '택리지'가 점지한 명당으로 이사하는 곳은 더더운 아니니 기쁨보다 아쉬움만 쌓일 뿐이다.

 해묵은 짐을 갈무리하다 보면 "허! 이게 여기 있었네. 그렇게 찾았더니만…." 하는 물건들이 더러 나온다. 잃어버렸다고 생각한 물건이 먼지를 덮어쓴 채 기어 나오면 집 나간 강아지가 돌아온 듯 생광스럽다. 낡은 겨울 양복 주머니에서 꼬불쳐 두었던 돈이 나올 때는 입이 저절로 벌어진다. 하지만 빛바랜 사진첩을 정리한다는 것은 나의 여린 봄날이 뜯겨나가는 일이다. '마음이 설레는 물건만 남기고, 나머지는 전부 과감히 버리자. 그 순간부터 당신에게 새로운 인생이 시작될 것이다.'라는 곤도 마리에의 정리 철학을 되새겨본다. 비단 정리할 것이 눈에 보이는 물질에만 한정될까. 들끓는 온갖 번뇌도 내려놓으면 좋으련만 쉬운 일이 아니다.

 돌이켜 보니, 지금껏 여남은 번 보금자리를 옮겨 다녔다. 초량동 가풀막 동네에 신접살림을 시작한 후 사글세에서 전셋집으로, 연립아파트를 전전했었다. 아이가 셋이라는 이유로 전세조차 마음대로 구할 수 없었던 시절, 아내는 고샅길을 누비며 집 없는 서러움을 가슴에 꾹꾹 묻었으리라. 마침내 단독주택을 마련한 그날 밤, 아이들을 나란히 재우고 달빛이 내려앉는 방안에서 아내와 함께 감회에 젖었던 순간이 어제 일처럼 생생하다.

 단독주택의 궁상은 추억으로 저물고 언제부터인가 초고층 아파트를 오르내린다. 얼굴 인식만으로 맞아들이는 사물인 터넷 세상에 한 가정의 이주 변천사가 아릿하게 저민다. 아내는 새 가전제품을 장만하느라 종종걸음이지만 나는 풀죽은 오후의 햇살처럼 흐물거린다.

솥단지에 쌀 안치고 밥물이 넘치도록 부지깽이 뒤적이던 소년이 어느덧 귀밑머리에 하얗게 서리가 내렸다. 오래지 않아 헐거워지는 육신의 허물을 벗어 던져야 하는 날이 점점 다가오고 있다. 그날이야말로 내 생애 진정한 마지막 이사가 아닐까. 이삿짐센터 트럭을 앞세우고 낯선 길 따라나선다. 인생이란 한곳에 머물지 못하고 떠도는 부초 같다는 생각이 든다.

문득 하늘을 올려보니 구름 또한 유유하다.

충장대로의 하루

부산시 중구 충장대로 9번길. 이곳에는 부산항의 수출입 화물을 움직이는 업체가 몰려 있는 물류의 거리다. 스물네 시간 컨테이너 화물선이 들락거리는 부산항만 주변에는 화물을 취급하는 선박대리점, 화물 주선업, 하역업체, 관세사, 운송회사 등이 크고 작은 건물마다 빼곡하게 들어서 있다. 건물 층층이 회사 간판이 옹기종기 따개비처럼 붙어있어 현기증이 날 지경이다.

　세계적인 무역항인 북항의 재래식 부두는 대형선박 접안시설과 하역 장비의 노후화로 본래의 기능이 상실되자, 그 자리에 오페라하우스 등 문화 콘텐츠 사업이 추진되고 친수공원을 조성하는 등 해양 문화 관광단지로 탈바꿈하고 있다. 마도로스의 애틋한 사랑과 이별이 출렁이던 부둣가, 월남파병 환송식이 있었던 눈물의 4부두, 뱃고동 울리는 부둣가의 추억은 썰물 속으로 멀어져갔다.

　북항의 명맥을 이어가고 있는 곳은 공중곡예를 하듯 최첨단 하역 장비로 밤낮없이 화물 작업을 하는 자성대, 신선대, 감만 컨테이너 전용부두이다. 신항만 부두와 물동량 처리 능력을 놓고 자존심을 건 힘겨루기를 하고 있다. 화물선이 접안된 부두 암벽에는 대낮같이 불을 밝힌 채 골리앗 갠트리 크레인의 하역 작업으로 검푸른 바다도 불빛 물결을 뒤척이며 출렁댄다.

　충장대로의 하루는 북항과 신항에서 화물선에서 밤새 풀어놓은 화물 뒤처리에 시끌벅적하다. 사무실 여기저기서 다급한 전화벨이 울리고 모사 전송기에서는 쉴 새 없이 선적서류가 사르륵거리며 흘러내린다. 컴퓨터 모니터에는 업무 연락용 메시지가 날아들어 긴장감을 더한다. 수입 원료가 제때 공장에 반입되지 않아 생산이 중단될 위기에 처하면 통관과 운송을 책임지는 관세사와 운송인도 덩달아 죄인이 된 듯 속이 새까맣게 타들어 간다. 한정된 파이를 두고 동종 업계 간 불꽃 튀는 경쟁으로 각다분하게 살아가는 현실이 안타깝지만 감당해야 할 삶의 현주소이자 풀어내야 할 생존 법칙이다.

　물류는 사람의 대동맥과 같다. 혈전으로 뇌혈관이 폐쇄되면 산소 공급이 원활하지 못해 뇌경색이 생길 수 있듯, 어느 한 곳이 삐걱거리거나 막힌 곳을 뚫지 못하면 정체 현상으로 곳곳에서 물류 대란이 일어난다. 선박 입출항 일정에 맞춰 화물이 톱니바퀴처럼 맞물려 돌아가는 항만에서 버텨내려면 투박한 막일꾼의 추진력과 치밀한 계획에 따라 임기응변의 순발력이 요구되는 곳이다. 물류物流는 물류物類를 원하는 곳에 물 흐르듯 흘러가게 하지 않으면 물류라는 의미가 무색해진다. 화물을 적기에 원하는 장소에 안전하게 넘겨 줘야 하는 것이 충장대로에서 일하는 사람의 본분이자 최종 목표이기에 모두가 오케스트라를 지휘하는 마에스트로처럼 긴장한다.

  나는 무역 현장의 최일선에 근무하고 있다. 공직에서 명퇴하고 관세사로 인생 후반 이모작에 뛰어든 지 십여 년. 나에게 특별한 기회를 열어 준 관세 법인의 P 대표 관세사와 전직 후배인 P 관세사는 나의 제2의 인생길에 길라잡이가 되어 많은 도움을 베풀어 주었다. 두 분의 배려와 격려가 없었다면 충장대로의 일원으로 활보하지 못했을 것이다. 함께 근무하는 동료 관세사들도 내 삶의 든든한 우군이자 버팀목이 되어주었다. 들판에 홀로 서 있는 허아비처럼 힘들고 외로웠을 때 K와 N 같은 전직 후배의 따뜻한 지원은 가뭄을 적시는 촉촉한 단비였다. 나는 지금도 알토란 같은 그들의 진심 어린 손길과 응원을 잊지 못한다.

  되돌아보면, 나의 부족한 인성을 채워 주고 어쭙잖은 능력을 일으켜 세워 준 멘토가 곳곳에 있었다. 인덕이 많다며 지인들이 덕담을 건넬 때마다 민망하고 과분한 마음이다. 동도의 선후배들과 술 한 잔, 따뜻한 밥 한 끼 나눌 수 있는 여유만 있다면 그 이상 더 무엇을 바랄까.

충장대로에는 인연의 늪지대다. 학연, 지연, 사회관계망 등 끈적한 사슬고리가 유기적으로 이어진다. 물류 전문 업종이 거미줄같이 촘촘하게 얽혀 누군가에게는 갑甲이 되었다가 또 다른 누구에게는 을乙의 처지가 되어 이중적인 삶을 살아가기도 한다. 땅거미가 스며드는 퇴근길의 포장마차에서는 샐러리맨의 설움과 고충을 토로하며 쓰린 마음을 비워 낸다. 갑과 을도 한몸처럼 어울려 서로를 위로하고 화해하며 긴장된 하루치의 애환을 한잔 술에 털어 넣으며 내일을 예비한다.

관세사와 세관과는 바늘과 실 같은 운명적 필연 관계지만 상그러울 때가 더러 있다. 한때 살뜰히 몸 바쳐 일했던 친정이지만 마냥 봄날의 꽃길처럼 순탄한 것은 아니다. 물품 통관을 놓고 난기류가 흐르면 수출입 통관을 의뢰한 제조업체의 권익을 대변해야 하는 관세사로서는 방어기제 본능으로 긴장하게 된다. 법규 해석에 이의를 개진할 때는 옳고 그름을 떠나 후배에게 미안하고 곤혹스럽다. 선배의 품격을 잃지 않으려고 역지사지하는 마음으로 숨결을 가다듬는다. 잠자는 권리를 찾아 회사에 실질적인 도움을 주거나, 치열한 법리 다툼으로 의뢰인의 권익을 보호했을 때는 전문직으로서

긍지를 느끼며 보람을 찾는다.

충장대로9번길에는 겨우내 용오름이 골목을 휘몰아쳐도 주눅들지 않은 젊은이들이 머플러를 날리며 거리를 누빈다. 은비늘 갈치가 물살을 가르듯 생동감이 넘치는 충장대로는 갈매기가 꿈꾸는 부산항의 내일이다. 물류와의 샅바 싸움으로 치열했던 모래판에 어둠이 깃들면 역동적인 하루가 적막 속에 빠져든다.

후줄근한 마음을 부여잡고 사무실을 나선다. 풀릴 듯 풀리지 않는 삶의 방정식이 내일이면 해결될지도 모른다는 기대를 한다. 집으로 가는 골목길, 외투 속을 파고드는 겨울 칼바람은 여전히 매섭게 차고 드세다.

나의 부처님

추색이 완연한 주말 오후. 원시적인 충동으로 통도사 말사인 옥련암을 향하여 차를 몰았다. 암자가 밀집한 산사로 올라가는 길에는 울창한 송림과 벚나무가 터널 숲을 이루며 영취산 정기를 뿜어댄다. 단풍 든 벚나무와 송림 사이로 가을 햇살이 설핏설핏 내려앉는다. 얼마 만인가. 옥련암으로 접어드는 산길을 달리면서 묵은 추억이 둥실거린다.

사십 대 후반 무렵, 통도사 옥련암에 한동안 머물렀던 적이 있었다. 산사에서 참된 나를 찾는 수련이 아니라, 코앞에 닥친 승진 시험공부를 마무리하려 찾아든 곳이었다. 요즘 공직사회에서는 상상하기도 어려운 일이지만 당시에는 승진시험 대상자에게 본인이 원하면 연가를 승인받아 수험공부를 할 수 있도록 배려하고 격려해 주던 관례가 있었다. 요사채는 대웅전 격인 무량수전으로부터 외진 곳에 있었다. 초가을 밤의 산사는 안개와 짙은 어둠을 품은 채 고즈넉했다. 내가 머문 방의 봉창은 예스러웠다. 달빛이 가득한 밤, 빗살무늬 사이로 일렁이는 나무 그림자와 대숲끼리 서걱대는 바람 소리가 마음을 흔들었다.

밤마다 요사채 창가에는 불나방이 하얀 날개깃을 세우고 쉴 새 없이 날아들었다. 한줄기 불빛을 향하여 장렬하게 산화하는 몸짓이 섬뜩하리만큼 애절하고 눈물겨웠다. 책 멀미로 심신이 지칠 때마다 부나비의 향일성向日性을 되새기고 마음을 추스르곤 했다. 날이 밝으면 창밖에는 싸늘하게 죽어나간 부나비가 감꽃처럼 널브러져 있었다. 괜스레 죄를 짓는 것 같아 신문지로 창문을 가렸으나 불빛은 그물에 걸리지 않았다.

공부가 진척이 없다 보니 소갈증 걸린 사람처럼 입안이 타들어 갔다. 동료이자 친구인 K와 함께여서 동병상련 처지로 서로에게 위로가 되었지만 딱 거기까지였다. 봄꽃처럼 흐트러지는 마음을 잡아줄 누군가가 간절할 즈음, 갓바위 부처가 떠올랐다. 학사모를 쓰고 있는 듯한 '관봉석조여래좌상'은 무엇이든지 매달리고 싶은 수험생에게는 최고의 영험 있는 부처님이 아닌가.

승가僧家의 하루는 새벽 예불로 시작한다. 건성건성하던 아침 예불 의례에도 오체투지 자세로 코를 박고 납작 엎드렸다. 정성껏 부처님께 안면도 트고 응석이 통하지 않으면 생떼라도 부릴 심산이었다. 어떤 날은 부처님께 귀의하는 마음이 순일했는지 눈물이 왈칵 쏟아지기도 했지만, 오매불망 화두 삼매는 '참나'가 아니라 오로지 '합격' 시켜달라는 뻔뻔한 속물근성만 오글거렸다. 저녁 예불에도 참배하여 치성을 드리며 간구했다. 구슬이 서 말이라도 꿰어야 하리. 머릿속에 마구잡이로 욱여넣은 지식을 한 알 한 알 체계적으로 염주 목걸이에 꿰차고 이십여 일 만에 한 소식한 스님처럼 하산했다.

공개 경쟁 승진시험 날, 그 옛날 한양에서 선비들이 과거 보듯 긴장하면서 시험을 치렀다. 나의 든든한 뒷배인 그분, 갓바위 부처이거나 천수 천안 관음보살께서 현신하셨는지 문제의 정답이 툭툭 불거져 나왔다. 합격자 발표일이 다가올수록 마음이 콩닥거려 좌불안석이었지만 부처님께서는 이런 내 마음을 짐짓 모른 체 늘 태평하다. 한 달여 만에 마침내 합격자 발표가 났다. 합격자 열 명 속에 내 이름도 끼어 있었다. 함께 공부한 K와 J도 사무관 합격 동기생이 되어 축포를 함께 터뜨렸다.

시험에 합격하고 나니 내 안에서 꼬리를 감추었던 아만我慢이 고개를 들고 있었다. 산사에서 지푸라기라도 잡고 싶었던 간절한 염원과 겸손함은 사라지고 우쭐한 자만심만 뱃속에서 꿀렁댔다. 내 마음 어디에도 부처는 없었다.

봄날 같은 하늘하늘한 세월이 후딱 몇 년 지났다. 아내의 권유로 불교 대학에 들어갔다. 아내는 포교사로서 불심이 웬

만했다. 시근 없는 남편을 교화하려 애썼지만, 무량수전에서의 순연했던 불심을 되지피지는 못했다. 부처님께 천 배의 예를 올리는 수계의식 행사도 무릎이 아프다는 이유로 도중에 주저앉았다. 수료식에 참관한 아내가 민망한지 참배를 대신 이어갔다. 실기 대리시험으로 부처님께 불경을 저질러 염치가 없었지만, 수계를 받고 법명도 받았다. 광법廣法. '불법을 넓게 펼쳐라.'라는 뜻일 것이다. 지난날 어설픈 인연이 불제자로 다시 이어진 셈이다.

 옥련암에 도착했다. 산사를 떠난 지 실로 이십수 년 만이다. 늘랍게도 내가 머물렀던 요사채는 허물어져 흔적조차 없었다. 다만 퇴락한 폐허 더미 속에 묻힌 기왓장만이 유장한 세월을 말해주고 있었다. 문득, 함께 공부한 K 생각이 떠올라 가슴이 먹먹해진다. 그도 요사채의 운명처럼 홀연히 떠나 이승에 없는 사람이다. 제행무상을 일깨우려는 듯 갈바람이 산사를 에워싼 대숲을 마구 흔들어 댄다.

 광대무변한 부처님 세계에도 변화의 물결을 거역할 수 없었던 것인가. 대웅전 자리에는 대광명전의 뜻이 담긴 '큰 빛의 집'이 신축되어 법신불 비로자나불이 본당의 주불로 옮겨 앉았다. 청정한 부처님의 도량에도 인사이동이라는 게 있었던 걸까. 아미타불을 모시고 있던 무량수전은 무슨 곡절이 있었는지 통째로 대웅전에서 비켜 나 있었다. 왈칵, 서운한 마음이 들었다.

부처님을 뵌다. 반가워서 눈시울이 붉어지는데 부처께서는 무심한 듯 한결같은 자세로 아는 체를 않는다. 기력이 예전 같아 보이지 않는 것은 순전히 어리석은 중생의 망념일 것이다. 떼를 쓰며 몽니를 부린 지난날의 무례를 고하고 삼배를 올린다. 명부전에 K의 명복을 발원하며 향을 사른다. 피어오르는 향촉 속으로 부나비가 날아오르는 환영에 젖는다. 참배를 마치고 무량수전을 나서다가 문득 뒤돌아본다. 나의 부처와 눈이 딱 마주쳤다. 그새 마음이 풀리셨는지 자애롭게 웃으시다가 시치미를 뚝 뗀다.

댕기 등대

집 나간 부부가 돌아왔다. 짐 싸 들고 나간 지 꼭 한 달 만이다. 그새 온기가 사라진 집안이 썰렁하고 왠지 낯설어 보인다. 밀린 일이 손에 잡히지 않고 시들부들하다. 아직도 제주 한 달 살기의 달콤한 추억에서 헤어나지 못하고 있는 걸까. 아내도 앞장서서 잘 걷던 두 발을 소파에 묻어 놓고 며칠째 뒹굴뒹굴 세상 편하게 지낸다. 마치 올레길 간세다리 두 마리가 집안에서 어슬렁대는 것 같다. 서귀포 강정마을 근처 숙소에서는 눈만 뜨면 범섬이 바다에 떠 있었는데 지금 내 집에서는 빌딩 숲만 빼곡하게 들어차 파란 하늘마저 설핏하다.

달빛이 내려앉는 한담해변과 대평포구의 황홀한 까치놀, 추자도 나바론의 하늘 오르는 길이 아슴아슴하다. 안개비 내리는 날의 비자림과 사려니숲의 몽환적인 오솔길과 비양봉 등대 오르는 숲길에 나붓대는 댕기 리본이 눈앞에 출렁이듯 아늘거린다.

　내 버킷리스트 목표 하나를 매듭짓는 일이고 아내의 소박한 꿈을 실현하려는 제주도 한 달 살기를 계획하고 도시에서 탈출했었다. 묵은 이불을 털어내듯 온갖 잡다한 일상을 날려 보내고 빈 수레로 떠났지만 섬에 온 다음 날부터 마른논에 물 들어가듯 야금야금 욕심이 젖어 들었다. 한 달 살기 동안 무위자연, 안분지족하며 힐링하겠다는 초심은 숨어들고 허투루 시간을 보낼 수 없다는 알곡 심보가 꿈틀거렸다.

　제주 올레길 스물여섯 코스를 완주하겠다는 다부진 결의로 신발끈을 고쳐 매었다. 부산 우리 집에서 출발한다면 한양에 사는 아들네 집보다 먼 거리를 풍찬노숙하며 걸어도 한 달은 족히 걸릴 여정이다. 굴참나무 숲길에서 버슬버슬한 가랑잎을 밟으며 걸었던 올레길은 여인의 치마폭처럼 펼쳐진 해안과 등굽잇길을 에둘러 쉬엄쉬엄 걸어가는 길이다. 길섶 곳곳에 전설을 묻어 놓고 묵묵히 걷는 자에게만 숨겨둔 비경을 수줍게 드러낼 뿐 함부로 속내를 내색하지 않는다.

　구겨진 넥타이처럼 구불구불한 돌담 고샅길, 하얀 동정 깃처럼 이어지는 곶자왈 숲 흙길, 능선 따라 숨 모아 쉬는 뫼오름에서 자연의 위엄을 만나고, 쉬지 않고 해안가를 넘성대는 거친 물꽃에서 바다의 환희를 듣는다. 하늘을 이고 바람을 가르며 돌과 바다가 펼치는 끝없는 길을 걷다 보면 내 안에 갇혀 있던 미혹이 사라지고 육신을 떠난 영혼이 자유롭게 떠돌아다닌다.

 섬 안의 또 작은 섬, 차귀도, 비양도, 가파도, 우도, 마라도, 추자도를 차례로 오르면서 저마다의 태곳적 풍치 앞에 세속에 찌든 마음이 한 움큼씩 씻겨 내린다. 치명적인 비경에 넋을 잃다가도 문득 내 생에 마지막 눈맞춤일 거라는 쓸쓸한 예감에 알 수 없는 비애가 고인다.

 고등학교 시절 기하학 시간이 되면 멀쩡하던 머릿속이 하얘진 기억이 난다. 점과 점, 직선과 곡선으로 이어지는 다양한 도형 앞에 그나마 얼마 남지 않은 총기마저 흐려지곤 했다. 걸어서 몇 번 가 본 장소도 운전대만 잡으면 공간인지 능력이 떨어져 한나절 좋게 헤매다가 약속 시간을 놓치는 길치에 속한다.

 그런 내가 선뜻 올레길을 찾아 나설 수 있었던 것은 동행할 아내만큼 신뢰하는 구석이 있었다. 그것은 댕기 띠였다. 올레길의 안내 표식 띠는 초행객에게 믿고 걷는 든든한 길라잡이였다. 파란색 띠는 제주의 푸른 바다를, 주황색은 감귤밭을 의미한다고 한다. 칠흑같이 어두운 바다에서는 등댓불이 항해사의 뱃길을 안내하듯, 낯선 길을 더듬는 길손에게는 숲속의 안내 리본이 육지의 댕기 등대가 아닐까.

 갈림길에서 엉뚱한 샛길로 빠져들거나 에움길로 들어가 올레길을 찾아 헤매기 일쑤다. 이럴 때는 오던 길을 되돌아가

원점에서 다시 출발해야 하니 길눈이 어두운 행인이 감당해야 하는 발품은 고달프기만 하다. 그러다가 문득, 돌 틈이나 솔가지에서 하늘거리는 헝겊 띠를 발견하는 순간, 도투락 달랑대는 봄 처녀의 발랄한 몸짓이 연상되면서 가슴이 심쿵해진다.

 비 오는 날은 축 처진 모습으로, 바람 불면 한껏 팔랑거리며 두 손 흔들며 맞이하는 댕기 띠가 지쳐가는 나그네에게 산소 같은 청량한 기운을 불어넣는다. 묵묵한 전봇대에, 혹은 튼실한 나뭇가지에 매달아 길손을 안내하는 올레길 등대지기의 마음 씀씀이가 오롯이 전해진다.

 길잡이는 리본 외에도 곳곳에 표시한 화살표와 간세머리도 있다. 간세는 제주도 사투리로 조랑말을 의미하는 올레길의 마스코트다. 게으름뱅이라는 뜻을 담아 놀멍 쉬멍 걸을멍 올레의 정신을 상징하고 있다. 간세둥이로 귀여움받으며 여행객을 맞으려 들길에 홀로 서 있는 모습을 보면 짠한 마음이 든다. 마음 같아서는 숙소로 몰고 가고 싶은 충동이 인다. 간세 머리 방향은 앞으로 나아갈 길을 가리키고 꼬리 쪽은 지금껏 걸어온 행로를 뒤돌아보게 한다.

 여행이란 자신과 마주한 채 과거와 현재와 미래를 넘나들며 뉘우치고 화해하며 묵은 속내를 덜어내는 순례자 같은 마음이다. 가 보지 않은 길을 나서려는 모험과 설렘이 올레길을 완주할 수 있는 원동력이 되었으리라.

나는 제주의 산과 들과 바닷가에 수놓은 무수한 리본 띠를 오랫동안 잊지 못할 것이다. 그것은 봄날 같은 젊은 한때, 어머니의 옷고름 같은 그리움이자 향수이고 춤추는 등대라는 생각이 든다. 아내와 함께 같은 곳을 바라보고 걸을 수 있었던 올레길은 오랜 시간 뒤에도 추억의 갈피로 남아 있을 것이다.

하얀 눈꽃 속에도 바람 불어오는 언덕에서도 댕기 등대가 길을 밝히려 제 몸을 설레설레 흔들어 댄다.

촉루燭淚

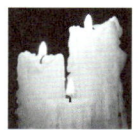

서울 한복판에 불꽃이 인다. 어둠이 깔린 광화문광장은 붉은 물결로 몸살을 앓는다. 등불축제가 열려 빛으로 물든 청계천에도 사람들의 화기火氣로 메케하다. 광장을 뒤흔드는 성난 구호에 서울의 밤낮은 촛불 열기로 후끈 달아오른다.

가족이나 혹은 연인끼리 산책하기 좋은 도심의 한 귀퉁이에서 하늘과 땅, 바람과 물이 폭력의 언어로 때아닌 갈등의 늪에 허우적댄다. 자유를 갈구하는 몸짓도, 절박한 생존을 외치는 절규도 아니다. 이념의 대립각을 세운 사람들이 힘겨루기라도 하듯 핏빛 깃발을 내세우고 악다구니와 거친 숨결을 뿜어댄다. 대낮의 광화문 거리에는 거대한 함성이 울려 퍼지고 밤이 되면 선정적인 불빛으로 흐느적거린다. 한때 찬란한 역사가 숨 쉬는 천만인의 도시, 서울의 민낯은 화염에 그

슬려 우울하다.

한국 문화를 처음 접하는 외국인에게는 모여든 인파가 성대한 종교의식을 치르는 축제장으로 보였을 것이다. 그러나 촛불 그림자에 어른거리는 그들의 얼굴은 거룩한 구도자의 모습이 아니라 전쟁에 임하는 투사인양 비장함이 번뜩인다. 무엇이 그들에게 종이컵 촛불을 들게 하는가.

불은 인류 문명을 불어넣는 씨앗이자 만물의 근원으로 여겼다. 불씨가 담긴 화로를 물려받는 것으로 종갓집 며느리로 인정받고 그 불덩이를 살리려는 정신이 가문을 지키는 것이라 믿었다. 숯덩이로 다림질했던 여인네의 손길로 삶의 구김살을 펴고 따뜻한 온기로 가정을 꾸려왔다.

횃불을 높이 든 무명의 의병과 봉수대에서 적의 침입을 알리는 봉화는 나라를 지키려는 절박한 대의가 있었다. 흐트러진 마음도 횃불을 드는 순간 불나방처럼 하나의 깃발 아래 뛰어들어 똘똘 뭉친 민족이 아니었던가.

신령스럽고 엄숙한 성당의 촛불 미사, 적멸보궁을 에워싼 연등 탑돌이, 집 나간 자식을 기다리는 처마 끝에 걸린 모정의 등불이 있는가 하면 사람마다 지닌 마음의 정령인 혼불도 있다. 불은 이렇듯 우리의 삶 속에 꺼지지 않는 등불이 되어 마음을 밝힌다.

나는 오륙십 년대에 청소년을 보낸 사람이다. 밤이면 전력 공급이 충분하지 않아 정전이 비일비재했다. 그럴 적마다 큰 불평 없이 집집이 비상용 촛불을 켜 어둠을 걷어냈다. 야학 수업 중 정전되면 전기가 들어올 때까지 촛불을 밝혀야만 했던 시절, '미네르바의 올빼미는 황혼이 저물어야 날개를 편다.'라는 철학적 경구처럼 어둠을 뚫고 촛불보다 더 붉게 타오르던 학우들의 형형한 눈빛을 지금도 잊지 못한다.

어릴 때 불장난하다가 헛간을 태운 아찔한 기억이 남아 있다. 불의 치명적 유혹은 사람을 흥분시키고 선동하는 불쏘시개 역할을 한다. 불이 노하면 혓바닥을 날름거리며 세상을 태우려 든다. 맞불을 지피는 순간 성난 불이 일시 잦아들지 모르지만, 그을음으로 덧난 상처는 오래 남는다.

촛불이든 횃불이든 불은 희망의 증거다. 동굴 속 어둠을 밝히는 소명만으로도 충분히 빛날 일일 것이다. 그러나 증오와 분노를 태우는 침묵의 도구가 되어 화해의 불씨를 짓이긴다. 뜨겁게 녹아내린 촛농마저 또 다른 앙금으로 쌓이는 현실 앞에 촛불에 대한 아릿한 향수가 덧없어진다. 신에게 불을 훔쳐 인류에게 전해주었다는 프로메테우스도 이런 살풍경에 실망하지 않았을까 싶다.

서로가 상생할 수 있는 따뜻한 화심火心은 없는 것일까. 세상은 내가 지피고 켜는 대로 불길이 번져가지 않는 것 같다. 숲길을 안내하는 댕기 리본처럼, 물길을 열어주는 등댓불 같은 불꽃이 되었으면 하는 마음이다. 불 인두로 구겨진 동정을 펴듯 갈등의 골을 숯불 다림질로 쓱쓱 다려 주고 응원을 보내는 세상을 기다린다.

　나는 북악산 아래 수천수만 개의 도깨비불을 보면서 얼어터진 겨울밤, 촛불 아래 함께 책을 펼쳤던 나의 올빼미들을 회상한다. 그들은 지금 어느 곳에서 둥지를 틀고 밤의 날개를 퍼덕이고 있을까.

　힘들었던 그 시절이 촉루가 되어 뜨겁게 가슴속으로 흘러내린다.

제4부

노필의 품격

홀컵과 백팔번뇌
비자금
노필의 품격
비무장지대
새끼손가락
입빠이
팔선생
아무 일도 일어나지 않았다

홀컵과 백팔번뇌

그린 위 108mm 홀컵 앞. 천하의 박인비도 겸손해지는 곳이다. 숨을 멈추고 온 정신을 모아서 홀hole을 향하여 퍼팅한다. 홀컵을 외면한 공이 빙그르르 돌며 비켜나간다. 골퍼가 저도 모르게 털썩 주저앉으며 탄식한다. 그것이 우승을 가르는 퍼터였다면 한 사람의 골퍼 인생이 달라졌으리라. 골프 채널에서 흔히 볼 수 있는 중계 장면이다.

골프 게임 규칙은 매 홀 필드에서 최종적으로 샷을 하여 그린 위에 올려진 공의 위치에서 야구공 크기의 홀 구멍에 골프공을 떨어뜨려야 게임이 끝난다. 백팔 밀리미터 지름 안에서 최종 승부가 갈라지고 프로 선수들에겐 우승 상금 순위가 결정되는 순간이다.

골프 세계에서는 '드라이버는 쇼, 퍼터는 돈이다.'라는 말을 우스갯소리로 허투루 들으면 낭패를 본다. 골퍼들이라면 프로나 아마추어 구분 없이 온 정성을 기울여 공을 집어넣으려 애쓴다. 타이거 우즈도 드라이버로 삼백 야드가 넘는 장타를 날려 갤러리들의 탄성을 자아내지만 으스대지 않는다. 하지만 그린 상태를 잘 읽어내 먼 거리 퍼팅이 성공하면 주먹을 불끈 쥐고 포효한다. 대어를 낚아 올린 손맛처럼 짜릿하고 흥분된다.

경영인이 새로운 사업에 진출하려면 시장의 흐름을 파악하고 돌다리도 뚜드려 가며 경우의 수를 예측하고 대응하듯, 골퍼도 매 홀 그린 위에서 신중하고 겸허한 자세로 경기에 임해야 한다. 먼저 그린 전체 경사면과 잔디 상태를 분석하고 잔디가 순결인지, 역결인지 점검 후 홀컵 주변의 높낮이와 그린 빠르기를 파악하여 확신이 설 때 비로소 퍼터로 공을 굴려 보낸다.

눈으로 본 그린 잔디 상태만으로 미심쩍을 때가 있다. 진정한 고수는 심안으로 공이 굴러갈 방향을 미적 감각으로 그려내는 창조적 상상력을 발휘한다. 퍼터로부터 떠난 공이 골퍼의 마음 길 따라 홀컵 속으로 빨려 들어가 젱그렁! 하는 순간, 말할 수 없는 성취감으로 카타르시스를 느낀다. 백팔번뇌가 한순간 사라지고 환희에 달뜬다.

골프를 흔히들 인생의 축소판이라고 말한다. 인생길에는 오르막에서 거친 숨을 몰아쉬다가도 내리막의 달콤한 편안으로 위안을 받기도 한다. 하지만 그린 위에서는 정반대의 현상이 일어난다. 퍼팅길에는 인생길과 달리 오르막이 한결 수월하지만, 내리막 경사에는 악어의 늪이 도사리고 있다.

숨만 크게 내쉬어도 흘러내릴 것 같은 벼랑 끝 공. 만약 급경사에서 욕심을 내거나 힘 조절에 실패하면 공은 미끄럼타듯 홀컵을 야멸차게 빗나가 처음보다 몇 배나 먼 거리에 멈추어 서곤 한다. 다 잡은 고기를 눈앞에 놓칠 뿐 아니라 그물까지 찢는 우를 범하게 된다. 지금껏 차곡차곡 쌓아온 득점을 한꺼번에 잃게 되는 아찔한 순간에야 소탐대실한 잘못을 깨닫지만 이미 엎질러진 물공이다.

마음이 고요하지 못하면 번뇌가 안개꽃처럼 핀다. 꼭 넣어야 하겠다는 욕심이 차오르는 순간 호흡이 거칠어지고 손아귀에 힘이 들어가 홀을 벗어나기 일쑤다. 홀컵이 거부한 것은 어쩌면 골프공이 아니라 승부에 대한 집착일 것이다. 한껏 탐욕을 부리다가 손절매 기회를 놓쳐 반 토막 주식 앞에 한숨 내쉬던 경험이 어디 한두 번이던가. 정상에서 하산할 때 조심해야 하듯 내리막길이 마냥 즐거운 것은 아닌 모양이다. 어수룩한 삶의 행적이 그린 위에서도 똑같이 펼쳐진다.

수많은 관중 앞에서 자유투自由投를 던지는 농구선수처럼 퍼팅 순간만은 스쳐 가는 바람에도, 지나가는 새소리와 발걸음 소리에도 민감해진다. 아마추어와 달리 프로의 첫째 덕목은 승부처마다 평정심을 유지해야 한다는 것이다. 하지만 프로도 인간이기에 순간적으로 마음이 흔들리면 경기를 망치고 만다. 골퍼에게는 골프 실력 못지않게 마인드컨트롤이 중요하다는 것을 체험상 알고 있지만, 아는 만큼 따라주지 않는다.

골프를 즐기면서 홀컵의 크기가 궁금증을 불러일으켰으나 알고 본즉 싱겁기 그지없었다. 골프의 발상지 영국에서 홀컵 구멍을 낼 때 사용한 쇠 파이프의 지름이 백팔 밀리미터였고 그것이 오늘날까지 이어지고 있다고 한다. 파이프 관 구멍만큼 허접하고 맥 빠지는 유래가 아닐 수 없다. 백팔번뇌와 무관한 일이라고 손사래 치지만 홀컵 앞에만 서면 구름처럼 모였다가 흩어지는 온갖 번뇌는 어디서 오는 것일까.

백팔번뇌가 구르고 있다. 야구공이다. 야구장 네 개 베이스 총길이는 백팔 미터를 살짝 초과하지만, 야구공이 백팔 땀의 실밥으로 꿰매어져 있다는 사실에 놀라지 않을 수 없었다. 한 땀 한 땀이 백팔번뇌로 엮어졌을지 모른다는 생각만으로도 수수께끼 같은 신비로움을 더한다. 가죽을 꿰맨 붉은 실밥은 공이 날아갈 때 안정성과 마찰력을 증가시킨다고 한다. 투수가 공의 회전과 마그누스 효과를 이용하여 슬라이더나 너클 볼 등 다양한 구질을 던질 수 있는 원리도 백팔 땀의 비밀이라니. 하지만 타자를 향하여 온몸으로 던지는 찰나의 순간, 투수는 얼마나 많은 생각이 스쳐 갔을까. 류현진도 강타자 추신수 앞에서는 오금이 저리고, 추신수도 괴력의 투수 류현진 앞에서는 어깨에 힘이 들어가 타들어 가는 입술을 축이며 번민의 순간을 맞이한다.

　홀컵은 망념을 집어삼키는 블랙홀 같다. 골퍼의 운명에 따라 성배이거나 독배가 되기도 한다. 문득, 싯다르타가 불국정토를 이룬 갠지스강이 묘하게 떠오르면서 의뭉스러운 생각에 잠긴다. 그린 위의 홀컵과 퍼터, 야구장을 뜨겁게 달구는 야구공이 백팔번뇌와 아무 인과가 없는 것인가. 의심이 꼬리를 잇자, 번뇌가 또다시 자글자글 끓어오른다.

비자금

샐러리맨에게 비자금은 남자의 로망이다. 아내 몰래 숨겨 놓고 곶감 빼 먹듯이 슬슬 뽑아 먹는 재미가 얼마나 쏠쏠한가. 불법자금을 조성한 기업인의 로비자금이 정치인에게 흘러들어 세상을 떠들썩하게 한 흑역사에는 비자금이 숨어 있다. 그 이름만큼 서늘하고 음험하며 꺼림칙하다. 식구에게 탄로 날 위험이 큰 만큼 아슬아슬하고 팽팽한 긴장감이 흐른다. 어디까지나 비상금일 뿐인데 촉 있는 아내를 둔 남편들은 다 소진할 때까지 가슴을 졸인다.

초급 공무원으로 있을 때였다. 박봉이라 여유가 없었지만, 낭만과 인간미가 넘치고 숨 쉴 구멍은 틔어 있었다. 아내가 모르는 외상 술값 정도는 회계 직원과 모의해 월급명세서를 새로 만들어 아내에게 건네며 시치미 떼던 호시절이 있었다.

눈먼 시절은 오래가지 못하는 법. 어느 해부터는 봉급은 통장계좌로 입금되고 빈껍데기 명세서 봉투만 손에 쥐게 되었다. 하지만 실망도 잠시, 쥐꼬리만 한 월급봉투에도 볕이 들었다. 월급 이외의 각종 수당은 당시 전산시스템의 미비로 급여날과 별도로 현금으로 지급되었다. 아내가 알 수 없는 수당이 고스란히 내 안주머니로 들어오게 된 것이다. 예를 들면 시간 외 수당이나 성과급, 출장비, 연가 수당 등이었다. 드디어 비자금을 만들 호재가 굴러들어 온 셈이다. 고지식한 직원들은 아내에게 고스란히 일러바치고 용돈을 받아 쓰겠지만 나는 그렇게 살갑고 몰랑몰랑한 사람이 못되었다. 아쉬운 소리 하며 용돈을 타 쓰느니 위험을 무릅쓰고라도 비상금을 꼬불쳐 놓고 사용하는 모험을 택한 것이다.

아내의 저인망 레이더에도 걸리지 않는 스텔스 통장을 개설하여 각종 수당을 꼬박꼬박 은행에 적금을 부었다. 몇 년 후 두둑한 비자금 밑천이 마련되었다. 당시 내 한 달 월급의 서너 배가 되는 고액이었다. 기업인처럼 세금을 탈세한 사실은 없지만 아내의 가계부에 입금되지 않은 가욋돈이니 이 또한 비자금이라고 불려도 억울하지는 않을 터.

칠십 년대는 요즘의 오만 원 고액권이 유통되리라고는 상상도 못 했다. 유일한 고액권이 만 원 단위라 시중에 수표가 많이 유통되었다. 돈깨나 있는 사업가들이 지갑 속에 수표를 가득 채워 거들먹거렸지만, 그런 졸부치고 술값 잘 내는 사람을 별로 본 적이 없었다.

비자금을 은닉하려면 첫째 고액권이야 한다. 몇백만 원을 만 원권 다발로 숨기려 했다가는 뽀록나기 십상이다. 아내는 자존감이 강하다. 지금껏 남편의 양복을 뒤지거나 지갑을 열어보는 품위 없는 처신을 한 적도 없지만, 앞으로도 그럴 것이다. 그렇다고 현금 다발을 책상 속에 넣어두고 약 올리듯 쓰고 다닐 수는 없지 않은가. 비자금을 조성하려는 원죄는 면하기 어렵지만 들키지 않으려고 고액권을 환전하는 것은 아내에 대한 최소한의 예의이자 도리에 속한다.

쌈짓돈과 달리 비자금을 감쪽같이 은닉한다는 것은 만만한 일이 아니다. 우선 접근성이 좋고 돈을 뽑아내기가 수월하면서 은밀한 장소가 고루 갖춘 곳이 최고의 명당이다. 철 지난 양복 안주머니에 넣어 두자니 세탁소 주인이 횡재할 것 같아 불안하고, 농짝 위에 숨겼다가 대청소라도 하는 날이면 낭패를 볼 것 같고, 책갈피 속에 넣어두자니 뻔한 수법이라 아내를 무시하는 것 같아 고민이 깊어졌다. 주머니가 썰렁할 때는 마음 하나는 편안했는데 돈이 모이니 없던 근심이 쌓인다.

문득, 옷장을 열다가 마작 보관함이 눈에 들어왔다. 아내가 판도라 상자처럼 불길하고 꺼림칙하게 생각하는 물건이다. 옳거니! 이곳이다. 보관함 바닥에 수표를 깔고 그 위에 마작 패를 올려놓았지만, 혹시나 엎어져 산통 깰 것 같아 테이프를 칭칭 감아 옷장 선반 위에 두었다. 훗날 '장고 끝에 악수

둔다.'라고 테이프 때문에 꼬투리가 잡힐 줄은 그때는 알지 못했다. 꼼수의 말로는 늘 허망하고 씁쓸하다. 완전범죄를 꿈꾸는 어설픈 생각은 처음부터 싹수가 노랬다. 초범의 순진무구한 지능 수준, 그것은 테이프 흔적을 남기는 순간 호기심 많은 아내의 궁금증을 한껏 불러일으킬 일이었다. 그 이후 나는 아무것도 모른 채 야금야금 다 빼먹었다. 쏠쏠했다.

　세월이 몇 년 흘렀다. 어느 날, 허물없이 지내는 동창 부부 모임 자리에서였다. 그날따라 뜬금없이 비상금 이야기가 무용담처럼 쏟아져 나왔다. 나는 지난날 일은 깜빡 잊은 채 "눈 먼 돈이 생길 때 말이지, 지금같이 투명한 세상에 무슨 비상금을 마련할 수 있느냐."며 내숭을 떨었다. 친구 부인들과 비상금 들킨 이야기에 웃기만 하던 아내가 눈을 곱게 흘리며 한 마디 내뱉는다. "내가 끝까지 모른 척하려고 그랬는데요. 당신 비자금을 어디에 숨겨 놓았는지 다 알고 있었어요." 하는 것이 아닌가. 아니 이게 무슨 날 벼락같은…, 나는 지난날 일이 켕겨 목소리가 커졌다. "무슨 소리. 내가 비자금이 어디 있다고 그래요?" 하고 모르쇠로 밀고 나갔다. 아내는 "어이구, 능청스럽기는…, 테이프 감아둔 마작 상자 생각 안 나세요?" 한다. 나는 그때야 화들짝 놀랐다. 지워진 기억회로에서 불꽃이 사방으로 튀었다.

　완전범죄라고 믿었던 나에 대한 배신감과 허탈. 그 사실을 알고도 지금껏 내색하지 않은 그녀의 놀랍도록 경이로운 인

내심. 아내가 한없이 고마우면서도 갑자기 무섭다는 생각이 번쩍 들었다. 비자금의 진면목은 어떤 모습으로 드러내는 것인가. 들키지 않으면 그뿐, 들통이 나야 비로소 그 존재가치가 음흉하게 빛나는 것이 아닐까.

  아내는 남편이 필요할 때 쓰려고 모은 돈이라 생각하여 일부러 모른 척했음이 분명하다. 은근히 떡고물이 떨어지지 않을까 하는 기대를 하고 있다가 어느 날 바닥을 드러낸 비상금을 확인하고 허망했을 것이다. 아이 셋을 교육해야 했던 어려운 시절, 학원비에 보태 쓰라고 얼마라도 손에 쥐여 주었다면 이렇게 민망하지 않았을 일이다. 나는 지금이나 그때나 철이 없었던 모양이다. 하지만 예나 지금이나 지갑 가벼운 샐러리맨에게 비자금은 언제나 달콤한 유혹이다. 나는 오늘도 비자금을 꿈꾸며 살아간다.

노필의 품격

졸거릴 때 알아봤어야 했다. 주변으로부터 입방아에 오르내릴 때 눈치를 긁어야 했는데 방심했다. 그러던 어느 날, 졸졸붓이 하얀 점박이 눈꽃 모자를 덮어쓴 쌍둥이와 잘쏙하게 잘 빠진 미운 오리 새끼 한 마리를 달고 왔다. 남들이 알면 남세스럽게 바람을 피웠나 오해하겠지만 그건 절대 아니다. 모월 아무 날 모 월간지 지면을 통하여 철필에 관한 행적이 드러나면서 관심이 쏠린 게 화근이었다. 잘난 얼굴 덕분에 다소 우쭐하여 거드름을 피우긴 했지만, 허랑방탕 쏘다니거나 누굴 만나러 마실 나간 적도 없었다. 얌전하게 주인어른 안주머니에 매달려 칩거하고 있었을 뿐이었는데 언제 새끼를 쳤을까.

≪수필과비평≫지를 통하여 '졸졸붓'으로 신인상을 받으며

문단 말석에 이름을 올린 지 얼마 안 되었을 때의 일이다. 늦깎이 아버지의 수필 등단을 기꺼워하며 아들 내외가 몽블랑 만년필 한 세트를 선물했다. 놀랍게도 로큰롤의 제왕이라 일컫는 '엘비스 프레슬리'를 기념하는 한정판이었다. 그것도 만년필과 볼펜의 이란성 쌍둥이 한 쌍이었다. 명품이라 한 번쯤은 내숭을 떨며 손사래 치고 싶었지만, 아들 부부의 마음 씀씀이가 갸륵하여 못 이긴 척 받았다. 내가 흔쾌히 받아들인 것은 글때를 묻혀서 훗날 손자에게 건네줄 요량이었지만 백오동 심는 깊은 뜻을 범부가 알 리 없다.

새 만년필과 볼펜에는 엘비스 프레슬리 실루엣과 이름이 펜촉과 뚜껑에 선명하게 각인되어 휘감긴다. 투박해 보이는 뚜껑은 마치 중세 기사단의 투구처럼 늠름하고 독특한 문양으로 노래하는 마이크 이미지를 형상화하고 있다. 통상 만년필 끝 자루에 붙어 있는 가벼운 뚜껑과는 달리 책상 위에 곧게 세워 놓고 글을 쓰도록 설계되어 장중한 위엄이 서린다. 테두리에 내 영문 이름도 새겨 넣었다. 언젠가 오고야 말 먼 훗날에, 아들의 아들이 할아버지가 남긴 만년필로 글을 쓰며 가끔은 그리워할 것이라는 소망이 담겨 있다.

그즈음에 고교 동기 S가 등단을 축하한다며 우리 부부를 초대했다. 혀끝에 향긋하게 맴도는 밸런타인과 입안에 녹아드는 꽃살 안주로 마음을 녹이더니 뜻밖의 선물까지 안겨주었다. 놀랍게도 내 등단 작품 속의 졸졸붓을 마련한 것이다.

내가 그 녀석을 보기만 해도 사족을 못 쓴다는 걸 어떻게 알았을까. 부부의 마음 씀씀이가 가슴속으로 졸졸거린다.

터줏대감인 졸졸붓이 신생아 인구 절벽시대에 누구도 예상치 못한 쓰리런 홈런을 날리며 가문을 빛냈다. 누상에 서성거리고 있던 새끼 세 마리를 차례로 홈으로 불러들인 것이다. 알프스산맥의 유서 깊은 몽블랑 가문의 졸졸붓 집안에 올망졸망 입양되는 경사를 맞이했다. 썰렁하던 필통이 서열 다툼으로 시끌벅적하다.

순우리말로 만년필이 졸졸붓으로 불리듯, 볼펜은 돌돌붓으로 이름표를 붙인다. 졸졸붓이 나긋나긋한 감성으로 졸졸거려 다소 여성스럽다면, 돌돌붓은 선머슴처럼 당돌해 안기는 맛은 없지만, 뻔질거리며 깨알같이 잘 구른다. 볼펜 속의 작은 강철 볼이 펜의 움직임에 따라 돌돌거리며 글이 써진다는 뜻에서 돌돌붓이라 명한다. 정감이 뚝뚝 떨어지는 우리말 음률에 절로 고개가 주억거려진다.

따뜻한 축하가 담긴 만년필로, 남의 글에 마냥 밑줄만 그을 것이 아니라 자신만의 글맥을 일구어야겠다는 서원을 세운다. 글눈이 어두워 잉크 똥을 밟으며 가는 길이 막막해도 오방지게 써 내려가야 한다는 결기쯤은 그들에 대한 보답이요 예의일 것이다.

이십여 년 동안 내 손때가 묻은 졸졸붓이 요즘은 안방에서 뒷짐을 지고 텃세를 부린다. 이제 주요한 협정이나 서명이 아니면 거들떠보지 않고 문밖출입도 꺼린다. 신출내기들을 거느리면서부터 붓끝에 힘이 들어가고 시큰둥한 게 건방도 늘었지만, 그와 함께한 영욕의 세월을 생각하면 크게 나무랄 수도 없다.

그도 이참에 자신만의 영지領紙에서 일필휘지하며 아랫것에게 호령하고 싶을 것이다. 늙은 제조상궁이 한 품계 아래 나인 다루듯 한다. 흥에 겨워 제 몸을 시도 때도 없이 흔들어 대는 엘비스 프레슬리와 어디로 튈지 모를 얇실한 점박이 녀석을 얼리며 시간 가는 줄 모른다. 잡다한 궂은일은 천지분간 못 하는 족제비에게 시키고, 빈둥거리며 으스대는 로큰롤 한량閑良은 노래로 군기 잡는다. 촉촉한 감성이 그리울 때는 'Love Me Tender'를, 울적한 날에는 'hound dog'를 청해 들으며 푸른 물빛을 써 내려갔던 시절을 떠올리며 회상에 잠긴다.

새로 입양한 녀석들은 콧대만 높았을 뿐 글줄을 순둥순둥 풀어내지 못하고 무춤거린다. 주인의 현란한 상상력을 따라잡지 못해 글마디를 놓치거나 끊어버리기도 한다. 하지만 놋그릇도 오랜 세월 갈고 닦아야 광이 나듯, 글 마당을 헤집다 보면 명필이 될 것이라는 희망으로 써 내려간다.

지난날 단기필마로 고비마다 깔밋하게 처결했던 졸졸붓의 결 푸른 의지와 노필老筆의 품격을 문득문득 자랑스러워할 것이다. 살아 있는 모든 생물은 쉼 없이 새 물결에 떠밀려 흘러간다. 노회한 졸졸붓이 지금껏 섬기던 주군의 뜻을 받들고 대를 이을 새끼 셋을 거느렸으니 필생筆生의 소임을 다한 셈이다. 아비 같은 마음으로 새내기들을 졸졸, 돌돌 길들이느라 여태 쇠붓의 먹물이 마를 날이 없었거늘….

 머지않아 주공의 자서自書라도 한 권 엮고 나면, 몽블랑 산기슭 눈 덮인 호숫가에서 글물 씻어내리며 한가히 쉬어야 하지 않을까.

비무장지대

출퇴근은 주로 지하철을 이용한다. 아슬아슬한 곡선에서도 불꽃을 일으키며 달리는 지하철이 듬직해서 좋다. 이따금 덜커덩거리며 가쁜 숨을 토해내지만, 궤도를 벗어나지 않은 채 우직하게 달린다. 무엇보다 지하 수십 미터 레일 위에서 적막을 가르고 칠흑 같은 어둠을 헤치며 출발과 도착 시각 하나만은 칼같이 지키는 신사의 품격에 경의를 표한다.

내가 출퇴근하는 지하철역은 대체로 한가롭다. 직장인들이 복작대는 러시아워가 지났거나 이른 시간이기 때문이다. 일반 좌석 칸에는 이가 빠진 듯 듬성듬성 비어 있어도 눈길 한 번 주지 않고 경로석으로 직행한다. 차량마다 순방향 한쪽 끝에 장애인, 노약자, 임산부 지정 칸이 마련되어 있음이다. 나에게 노약자라는 호칭이 떨떠름하여 선뜻 동의할 수 없지만, 이곳 말고는 마땅히 넘볼 곳이 없기 때문이다. 일반석과 떨어져 있어 문간방 같은 서러운 감정이 들기도 한다. 하지만 무료 승차하는 주제에 불평할 엄두도 못 낸다. 그러면서도 경로석에 집착하는 데는 씁쓰레한 트라우마가 생각나기 때문이다.

심신이 녹작지근한 퇴근 시간대였다. 그날따라 노약자석은 만원이고 통로에도 할머니들의 시장바구니로 발 디딜 틈 없이 어수선했다. 하는 수 없이 일반석에서 손잡이에 매달려 흔들거리며 가고 있었다. 두어 정거장 지났을까. 마침, 내 앞 자리의 승객이 내리게 되어 앉으려는 순간, 옆에 서 있던 숙녀에게 떠밀리고 말았다. 얄밉고 괘씸한 생각이 들었지만, 그보다도 무안하여 얼굴이 화끈 달아올랐다.

이런 낭패가 어디 있을까. 달리는 차량이 아니었다면 도중하차라도 하고 싶은 심정이었다. 대리석을 조각한 듯한 차가운 얼굴에는 궁예의 관심법이 아니라도 그녀의 심중을 꿰뚫어 볼 수 있을 것 같았다. 무료 승객이 일반석에 앉을 생각을 하지 않는 것이 좋겠다는 경고성 몸짓이 아니었을까. 나잇값도 못 하고 손녀뻘 되는 숙녀와 자리다툼한 꼴이 되었으니 생각할수록 낯 뜨거워진다.

가끔은 등 떠밀리며 살아가야 하는 나이지만 그날처럼 날 것으로 무시당할 때는 까칠한 인심이 야속하고 서글퍼진다. 쭉정이가 알곡에 섞여 주눅 들고 겉도는 기분이다. 그러면서도 지하철을 애용하게 된 것은 외진 골목길 만화방같이 편안한 경로석이 있기 망정이다. 그곳에는 묵은지 냄새가 난다. 입언저리 굵게 파인 주름살 드러내며 아이처럼 웃고 있는 초로의 노인장 모습에서 나 자신과 마주치는 곳이기도 하다. 일반석은 공짜 승객도 눈치껏 비집고 자리할 수 있지만, 경로석은 청장년층이 엿볼 수 없는 약자들의 비무장지대로 완충지대 같은 성역이다.

문우들이 보내준 수필집은 대부분 지하철에서 읽는다. 집이나 사무실보다 책 속의 문해력 몰입도가 높다. 고학 시절 자투리 시간을 허투루 보내지 않았던 습성이 몸에 밴 것일 수 있고, 무심코 있으면 불안증세가 스멀거려 무언가 꼼지락거리지 않으면 견디기가 힘든 성격도 한몫한다.

지하철이 기분 좋게 덜컹거리면 나도 모르게 하품이 나오고 눈꺼풀이 내려앉는다. 그럴 때는 읽던 책을 덮고 노루잠을 즐긴다. 새색시 꿀잠같이 달콤하다. 잠깐 눈을 붙이고 나면 흐물흐물한 정신이 맑아지면서 머릿속에 글이 쏙쏙 들어찬다. 물오른 풋고추처럼 아삭아삭한 글을 만날 때는 책 속으로 여행길을 떠나 출퇴근 시간을 놓쳐버리기 일쑤다.

노인석에서는 독서뿐 아니라 엊저녁 써 놓은 글초를 다듬기도 한다. 좌석 밑에서 둔탁한 쇠바퀴 굴러가는 진동이 묘하게 꺼져가는 심상에 불을 지피고 뇌들보에 피돌기가 왕성해지면서 글감이 벙글어 터진다. 밤새 글줄을 낚아채지 못해 꼬물거리던 언어들이 올챙이 다리처럼 쏘옥 기어 나오기도 한다.

　기차에는 연인들의 만남과 이별이 있다면, 지하철에는 희망을 안고 하루를 부대끼며 살아가는 소시민의 애환이 있다. 아침나절에 풋풋한 배춧잎으로 나섰다가 해 질 무렵이면 절임 배추가 되어 지하철에 몸을 싣는다. 고달팠던 하루치 삶의 무게를 시렁에 내려놓고 가족의 품으로 달려간다.

　언제부터인가 지하철의 문화가 달라졌다. 책을 읽거나 신문을 보는 아날로그 승객은 우물가에서 숭늉 찾는 격이다. 비트코인 등락 시세에 얼이 빠져 있는 걸까. 하나같이 고개를 숙이고 스마트폰에 코를 박은 채 눈과 손가락이 분주하다. 어쩌다가 앞좌석의 승객과 눈이라도 마주치기라도 하면 민망하고 당혹스럽다. 익숙하지 못한 지하철의 풍경에 이런저런 엉뚱한 잡념이 꾸역거리는 날은 책갈피도 넘어가지 않는다. 찌~익 굉음을 내며 지하철이 멈춰 선다.

　오늘도 하차할 역을 놓친 것인가. 어쩐지 플랫폼이 낯설어 보인다.

새끼손가락

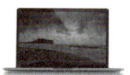

꼭 여기서 버벅거린다. 키보드 모음 'ㅔ'의 자판을 두드려야 할 때 일어나는 터덕거림 현상이다. 그럴 때마다 두더지 게임하듯 검지를 이용한 독수리타법으로 쪼아야 한다. 키보드 3열 자판에 여덟 손가락을 올려놓고 쳐내려가는 타자의 리듬이 수시로 흐트러진다. 오른손 새끼손가락이 오롯이 감당해야 할 글쇠에서 손가락 움직임이 마뜩잖으면서 자음과 모음의 단어 조합이 뒤엉켜 멈추어 선다.

한숨을 내쉬다가도 녀석의 처지를 생각하면 안쓰럽고 측은하다. 새끼손의 둘째 마디가 꺾쇠같이 꺾이어 불구가 되었음에도 넉살 좋은 무명지 옆에 엉거주춤 붙어 있다. 무슨 억하심정이 들어 태업하려는 것은 아니지만, 약속된 기능을 발휘하지 못하는 상황이 반복되니 속상하다. 새끼손가락인들 뜻대로 움직일 수 없는 자신이 오죽 답답할까.

열 손가락 깨물어 보면 각기 제 나름대로 할 말이 있다. 엄지는 아귀차고 뚝심이 있어 주먹을 불끈 쥐고 추켜올릴 때는 범접 못 할 알심과 듬쑥함이 묻어난다. 식지는 엄지와 합세하여 집게를 휘두르며 식탐을 즐기고 똘기마저 있어 삿대질로 상대를 제압하려 든다. 곁에 있는 엄지와는 가깝고도 먼 이웃이다. 때로는 전략적 동반자이자, 순망치한의 혈맹관계다. 중지는 허우대가 멀쑥해 꾸어다 놓은 보릿자루 같지만, 균형 있는 경계인의 자세를 잃지 않는다. 약지는 무명지라 불릴 정도로 존재가치가 희미하지만, 설레는 심장을 가져 예물 반지를 꿰차는 재물복과 영예를 누린다. 가락지 손의 언약을 지키려는 멍에를 짊어졌지만, 탕약을 시음하고 휘휘 저을 수 있는 권한까지 거머쥔 야심 찬 약손이다. 다들 이러니 제가 금수저인 줄 알고 덩드럭거리고 뻗댄다.

남은 것은 새끼손인 소지小指다. 자라다가 멈춘 것 같은 새끼손가락. 베어 먹다 만 소시지처럼 몽총하고 작아도 매운 고추처럼 톡 쏘거나 옹골찬 기질도 보이지 않는다. 문문하게 보이지 않으려면 어기찬 한 방이 필요하지만, 기껏 손가락 걸고 맹세하는 연약한 샌님 흉내 말고는 할 수 있는 게 그다지 많지 않다. 거미손처럼 돋나 보이고 싶겠지만, 쿰쿰할 때 코딱지를 파거나 귓구멍이나 후비는 홍싸리 열끗같은 존재다.

그런 녀석에게도 그늘진 세월에 볕들 날도 있었다. 늙마에 글쟁이로 변신한 주인 덕분이었다. 소외된 설움 딛고 컴퓨터

앞에서 현란한 손놀림으로 수필가의 심중을 활자화하는 기쁨을 어디에 비견할 수 있었을까. 작가의 글말을 타닥타닥 쳐 내려 갈 때는 손마디가 짜릿했다. 자판을 두드릴 때만은 천하의 엄지도 벤치 신세를 면치 못한다. 글자쇠 앞에서는 어미 격인 무지拇指도 무지無知한 백수건달에 지나지 않지만, 소지는 형용사나 부사를 읊어 내는 주전선수로 인생 역전의 기회를 잡는다. 새끼손에 생기가 돌면서 막내의 설움을 떨쳐내고 의기양양했었다. 그러나…. 신바람은 오래가지 못했다. 서서히 손가락이 굽어지고 굼뜨기 시작하더니 활자 앞에 버벅대며 삐걱거렸다. 잦은 오타와 실수로 한솥밥 식구들의 눈 밖에 나기 시작했다. 손바닥으로 하늘을 가릴 수 없듯, 한 오라기 손마디의 허물을 덮을 수 없었다.

벚꽃이 흐드러지게 피던 어느 봄날이었다. 강섶 따라 자전거를 타고 가던 중 앞서 달리는 여인의 뒤태에 홀려 자전거와 한몸으로 나뒹굴었다. 몸 여러 부위에 타박상을 당하고 손가락 인대가 늘어나는 사고가 났다. 새끼손인지라 업신여기고 병원에도 가지 않고 뭉갠 것이 화근이 되었다.

소지는 어느새 기역 글자로 휘어져 등 굽은 노인처럼 어눌하다. 낯간지러운 언약도 할 수 없는 신세가 되었다. 이목윤 선생의 〈왼손 있어〉 시가 떠오른다. 장교로 군 복무 중 사고로 얼굴 화상과 오른쪽 손목을 잃고도 온몸으로 부딪치며 남은 왼손으로 주옥같은 시를 써 내려간 시인 앞에 나는 얼마나 오만하고 경박스러운 푸념인가.

 나도 한때 어머니의 생인손이었을 터이다. 코흘리개 자식을 등 떠밀어 외지에 내보내고 잠 못 이루는 밤, 돌아누워 베갯잇을 흥건히 적셨을 어머니. 그 못난 생손이 세상의 수많은 엄지척과 탐욕스러운 검지의 텃세 밭에서 살기 다툼하며, 잘난척하는 장지와 약삭빠른 약지의 틈바구니에 주눅 들지 않고 정성껏 살아왔거늘….

 몸 하나하나 어느 부위든 귀천이 없다는 점을 깨닫게 된다. 끝자락에는 시선이 오래 머물지 않는다. 간장 아래쪽에 없는 듯 붙어 있는 쓸개도, 맹장 끄트머리에 매달려 있는 충수蟲垂도 꼭 외톨진 새끼손같이 홀대받는 것 같아 동병상련을 느낀다.

 소지야. 억짓손으로 'ㅔ' 나 'P'를 치지 않아도 괜찮다. 네가 슬래시[/]로 빗금 그으며 의기소침하지 않았으면 좋겠다. 수틀리면 엔터키로 행간을 옮겨 새로 시작해도 되고, 시프트키를 지그시 누르고 활자 건반으로 맘껏 연주할 수도 있지 않은가. 겨우 문단 말석에 글쟁이를 흉내 내는 주제에 애꿎은 소지만 괄시한 것이 내 무능의 소치가 아닐까 한다.

입빠이

동네잔치가 있던 날이었다. 우리 집 아래채에서는 대낮부터 잔치 턱 술판이 벌어지고 있었다. 얼굴이 불콰해진 형님이 마당에서 누이와 땅따먹기하던 나를 불러 심부름을 시킨다. 잔칫집에 가서 막걸리를 '입빠이' 받아 오라면서 주전자를 건네는 것이었다. 입빠이いっぱい라는 말을 처음 듣는지라 무슨 뜻인지 몰라 쭈뼛거렸지만, 형님은 빨리 갔다 오라며 손을 내젓는다. 어느 안전案前이라고 그 뜻을 되물어 볼 용기가 없었다. 엉겁결에 주전자를 들고 삽짝을 나서면서 불안이 스멀거린다. 초등학교에 갓 입학한 코흘리개로 왼쪽 가슴에 달랑거리는 손수건이 반질거릴 때였다.

형님 앞에만 서면 나는 오금이 저렸다. 열세 살 터울로 부모 맞잡이였다. 갓난아기 때부터 나를 업어 키웠다는 말에 잔뜩 주눅이 들어 있었다. 형은 두려움의 그 자체였다. 어머니 뒤를 졸졸 따라다니며 피해 다녔다. 형과 눈이 마주치는 날에는 더하기와 빼기 셈본 문제로 시험에 들게 해 말랑말랑한 내 머릿속을 하얗게 뒤집어 놓곤 했다.

일본에서 태어나 해방되던 해 귀국한 형님은 일본어를 어느 정도 말할 수 있는 수준이었다. 오십 년대만 해도 사회 문화 곳곳에 일본의 식민지 잔재가 남아있었다. 일부 지식인들은 일본말을 입에 담는 것조차 부끄러워했지만, 순박한 농촌 사람들은 우리말 속에 양념처럼 버무려 사용하던 시절이었다.

아버지도 예외는 아니었다. 평소에는 일본말을 삼가다가도 무심결에 흘러나오곤 했다. 예를 들면 만땅, 오까네, 바카야로, 와이로, 와라바시, 가다, 가빠, 우아기, 즈봉 등 생활 속 토막말이었다. 나는 부지불식간에 혀가 짧아 겉도는 일본말을 귓등으로 들으며 자랐다.

잔칫집은 아랫동네에 있었다. 도랑길 따라 걸어가면서 일본말을 되뇌느라 상그러운 길도 힘든 줄 몰랐다. 아버지가 가끔 말씀하는 일본 말 만땅まんタン과 비슷한 뜻일 거라는 추측이 들었으나 자신이 없었다.

기어코 사달이 나고 말았다. 잔칫집에 도착하기도 전에 머릿속이 텅 비면서 기억이 사라진 것이다. 아무리 생각해도 빠이빠이 단어만 입속에 맴돌았다.

혼례식을 치르는 집은 돼지국밥과 파전 부치는 냄새가 진동했다. 이웃 형은 하객을 접대하느라 정신이 없었다. 그 형님은 우리 집 대빵인 형과 같은 농고를 다녔던 터라 안면이 있었다. 나는 형에게 주전자를 내밀며 '빠이빠이'만 되풀이했다. 머릿속에 남은 말이 그뿐이었다. 우물쭈물하는 내 주둥이와 술 주전자를 번갈아 쳐다보더니 찰떡같이 알아들었는지 걸쭉한 농주를 넘치도록 담아 주었다. 엎지르지 말라는 당부도 잊지 않았다.

  돌아오는 길, 돌부리에 치일 때마다 농주가 울컥울컥 쏟아져 새콤달콤한 냄새가 길섶에 풀풀 날렸다. 쿨렁거리던 술은 시나브로 조금씩 눈금이 내려가고 있었다. 하지만 그것보다 심부름을 제대로 하는 것인지 불안하여 마음이 더 출렁거렸다. 형님은 술이 떨어진 상황이라 무척 기다린 눈치였다. 수고했다는 말과 함께 술 주전자를 받아 들고 와자지껄한 방으로 들어가 버렸다. 정작 심부름의 핵심이라고 여겼던 입빠이에 대한 확인도 없었다. 긴장이 풀렸다. 힘에 부쳐 술을 찔끔찔끔 흘리며 온 게 마음에 걸렸지만 대문 밖에서 서성이며 어머니가 밭에서 돌아오기만 기다렸던 일이 어제 일처럼 생생하다.

  훗날에 안 일이지만, 입빠이는 '가득히'라는 우리말에 해당하고 '만땅'과 엇비슷한 뜻이었다. 또한 일배一杯라는 뜻도 있음을 알고 쓴웃음이 나왔다. 기껏, 주전자에 술을 가득 담아 달라는 뜻이었다니. 맥이 탁 풀리는 말이 아닌가.

지금은 외래어가 여과 없이 쏟아져 나뒹군다. 영어 등 선진국의 말이 주류를 이루던 시대가 아니라 다양한 국적의 언어가 통용되어 세계가 일일 생활 언어권이다. 흥청거리는 술집 골목에는 외래어 간판이 휘황찬란한 네온사인 불빛 아래 비틀거린다.

무심코 던진 돌 하나가 잔잔한 호수에 파문을 일으키기도 한다. 제대로 알아듣지 못해 마음 졸였던 어릴 때의 기억이 지금껏 남아 있다. 정작 형님은 그런 말을 한 것조차 까맣게 잊고 있을 것이다. 훅 던진 말 한마디, 무심코 내뱉은 언어가 누군가에게 아픔이 된다는 사실을 알기에는 형님도 미숙했던 까까머리 학생이었다. 살아가면서 눈높이와 다른 언사로 상대방에게 상처를 주지 않으려고 늘 조심하고 배려하는 계기가 되었으니 큰 교훈을 얻은 셈이다.

형님도 어느덧 구순이 되었다. 기력이 쇠하여 거동이 여의찮아 마음이 짠하다. 한때 깜냥도 안 되는 동생도 노을빛 우산을 받쳐 들고 섰다. 술잔 높이 들고 입빠이를 외쳐 건배하며 옛이야기라도 나누며 회포를 풀고 싶지만, 건강도 세월도 마냥 기다려 주지 않을 것 같아 야속할 뿐이다.

한때 나를 혼란스럽게 만든 자투리 일본말은 일상에서 거의 사라졌지만, 아직도 입에 붙어 스스럼없이 내뱉는 말이 있다. 주유소에서 "입빠이 넣어주세요."라고 호기를 부리면 주인도 입꼬리가 잔뜩 올라가 "만땅 넣을까요?" 하며 화답한다.

마치 장기판에서 장군 멍군으로 신나게 응수하듯 자연스럽다. 이쯤 되면 고운 우리말 '가득히'가 머쓱해진다. 세종대왕께서도 혀를 차며 돌아누울 것 같다.

팔선생

고개가 갸웃해진다. 하고많은 성씨 중 팔선생이라니. '사랑방 손님과 어머니'라면 모를까 '팔선생과 자장면'은 도무지 어울릴 것 같지 않은 언어 궁합이다. 중국 음식점과 전생에 무슨 인연이 있는 걸까. 궁금증이 도져 우리 동네 맛집인 팔선생을 찾아 나섰다. 조는 듯 낡은 등 아래 붉은색 리본으로 장식한 '팔선생' 간판이 이층 건물 정면에 팔자 사납게 덩그렇게 매달려 있다.

 문고리가 달린 청회색 빗살무늬 출입문이 고풍스럽다. 음식점에 들어서면 희미한 불빛 아래 중국풍의 음률이 애잔하게 흐르고 뭉뭉한 냄새가 감돈다. 나라 잃은 애국지사들이 은밀히 접선하던 상해의 중국집이 연상될 만큼 으슥한 분위기다. 원탁에 자리 잡고 요리시키면서 팔선생을 찾았더니 화교 종업원이 뜨악한 표정을 짓는다.

뒤늦게 숨겨진 진실을 알게 되었다. 八은 중국 사람들이 특히 좋아하는 숫자 중 하나였다. 음식점 상호를 팔선생으로 정한 까닭은 돈이 마구 굴러들어 와 팔자를 펴보겠다는 소망이 담긴 뜻. 우리나라에서 7을 행운의 숫자라고 여기듯이 八의 발음이 '돈을 벌다.'라는 발發의 발음과 같아 횡재를 불러들이려는 뜻으로 내건 간판이라 한다. 부자가 되고 싶은 욕망은 동서고금을 막론하고 한결같다는 생각에 궁금했던 오지랖이 멋쩍어진다.

아라비아 숫자 8과 여덟 팔八은 다 같이 사물을 셈하거나 헤아리는 양을 나타내는 수의 기호다. 그러고 보니 수 개념이 내포된 사자성어가 무수하다. 팔자타령, 팔자소관, 사주팔자, 팔방미인, 팔자걸음, 콩팔칠팔, 팔불출, 팔푼이, 팔등신 등은 타고난 사주 운명과 성품 그리고 몸가짐을 지칭하는 단어로 회자한다. 팔색조, 팔각정, 팔싸리, 팔진법, 팔진도 등 물상이 연상되는 어휘와 음식과 관련된 팔보채, 팔미채, 팔보반, 팔대어 등 다양한 낱말은 식객의 입맛을 다시게 한다.

붓다의 일생을 그린 팔상도와 팔상전이 있고 팔정도, 백팔번뇌, 팔한지옥, 팔만대장경 등 불교 용어와 경전의 가르침도 있다. 네발나비 날개가 거꾸로 보면 八자로 보인다고 '거꾸로여덟팔나비'라는 긴 이름을 정직하게 작명한 곤충학자의 고지식한 성품에 경의를 표한다.

팔자를 고쳐볼 양으로 8을 냅다 걷어차 본다. 금방 무너질

듯 아슬아슬하지만, 오뚝오뚝 일어서는 게 얄미울 정도다. 살아오면서 굴절 많았던 우리네 삶을 보는 듯 안쓰럽고 처연하다. 좌절하며 낙담하고 넘어졌다가도 툴툴 털며 다시 일어나 걸어왔던 한뉘. 세상일이 뜻대로 되지 않아 부아가 치밀어도 꽈배기처럼 뒤틀리는 8자를 다독이며 견뎌왔던 세월이다.

 8을 옆으로 가만히 눕혀보아라. 얼마나 다소곳하고 얌전한 모습인가. 세상에 이보다 더 편한 상팔자가 없어 보인다. 배를 드러내놓고 선정에 든 와불臥佛도 부럽지 않다. 무한대 기호[∞]를 나타내어 우주의 무량한 신비를 헤아린다.

 한자 八은 하늘을 이고 있는 삿갓으로 있다가 뒤집어 세우면 넉넉한 치마폭으로 우주 한 자락을 품어 안을 함지박 형세다. 그 함지박 속에 사주팔자를 관장하는 정령이 숨어 있는 것은 아닐까. 여덟 팔자만큼 인간의 희로애락에 깊숙이 스며든 언어가 또 있을까 싶다.

 초등학교 여자 동기가 있었다. 수더분한 얼굴이지만 명석한 두뇌에 다방면 재기가 넘쳐 팔방미인 소리를 들었다. 그런 그녀가 결혼하고 한 십 년쯤 흘렀을까. 남편이 하던 사업이 크게 실패하여 시가와 친정의 재산을 사업자금으로 끌어들이는 통에 양가 집안 살림이 거덜났다는 소문이 났다. 설상가상으로 남편마저 사기 행각으로 영어의 몸이 되고 결국, 그녀는 양가의 싸늘한 시선 속에 박복한 생을 보내고 있다고 한다. 한때 축복받은 인생이었건만 평탄치 않은 삶이 내 일처럼 안타깝다.

　사람은 태어날 때 저마다 움켜쥔 그릇이 있다며 뜻하지 않는 불행을 당해도 남 탓 않고 숙명으로 받아들이는 옛사람들의 힘든 세상을 헤쳐 나가는 지혜가 아니었을까. 굴곡이 많은 사람을 팔자가 세다고 말하고 두렁에 누운 소처럼 걱정 없는 사람을 상팔자라며 부러워한다.

　팔푼이는 모자란 듯 맹한 구석은 있지만 어벌쩡한 사람에 비하면 얼마나 순수한 인생인가. 균형 잡힌 몸매를 자랑하는 팔등신 미녀가 뭇사람들의 선망이지만 그렇다고 모두 행복한 인생을 살아내지 못한다. 콧대가 높아 팔자가 사납다는 말도 옛말이다. 자존감이 높을수록 당당한 기품이 있어 인생길을 탄탄하게 열어가는 원동력이 되기도 한다. 결국, 운명을 결정 짓는 것은 오로지 자신의 몫으로 감당해야 할 업보이지 팔자 소관은 아닐 것이다.

　일생의 명운을 사주팔자로 풀어내려는 명리학에서는 연월일시 네 간지를 기초로 하여 길흉화복을 예언한다. 타고난 생시가 한 인간의 운명을 좌우할 수 있다는 게 믿어지지 않지만, 사람들은 은근히 귀가 솔깃하여 새해가 되면 역술가에게 한 해의 액운을 점쳐보기도 한다. 일이 그릇되고 나서야 팔자 타령으로 신세 한탄을 하기 전에 팔한지옥이라도 뛰어들 각오로 세상 밖으로 떨쳐나간다면 무엇인들 이루지 못할까.

　사소한 것에 매이지 않아야 범사가 포시럽고 만사여의할

것이나 말처럼 쉬운 일이 아니다. 만사 제치고, 사통팔달 확 트인 팔각정에서 팔보채 안주 놓고 팔삭둥이와 한잔하며 팔색조 같은 아내와 자식 자랑을 귀가 팔랑팔랑하도록 늘어놓으면 어떨까. 늘그막에 팔불취 소리 좀 들은들 뭔 대수랴. 불콰한 술기운에 팔자걸음으로 느긋하게 세상 속으로 걸어가노라면 팔선생이 복을 굴리며 뒤따라오지 않을까 싶다. 사람 팔자 시간문제라는 말도 이제 남의 이야기가 아니다. 팔팔하게 살다 갈 일이다.

아무 일도 일어나지 않았다

장승포항에 있을 때 일이다. 직원들의 숙소는 능포동 언덕에 있었다. 야산을 깔아뭉개어 세워진 합숙소는 이층 건물로 십여 명이 기거했다. 옆 마당에는 테니스장도 있었는데 이따금 산토끼가 내려오기도 했다.

뒤뜰에는 흙 마당도 있고 잔디와 잡초가 자연스럽게 얼기설기 어울렸다. 여름철이 되면 지렁이가 제집 드나들듯 흙 마당에 꿈틀거렸다. 궂은날은 두꺼비도 엉금엉금 기어 나왔다. 꽃뱀도 똬리를 틀고 있거나 숲 그늘에 느물거렸다. 지네나 지렁이가 꼬물거리기만 해도 서울 토종들은 기함했다. 백반이나 담뱃잎을 방문 앞에 뿌려 지네가 얼씬 못하게 방어 전략을 폈지만, 창문과 벽틈을 비집고 침투하는 침묵의 저격수를 막아 낼 재간이 없었다.

나는 심심찮게 지네한테 테러당했다. 공교롭게도 좌우 허벅

지 깊숙한 곳에 공격당해 남자 동료들이 축복받았다며 너스레를 떨었다. 나는 트라우마가 생길 지경인데 살아 있는 지네 독침을 맞은 일은 양기에 특효로 녹용 한 첩 달여 먹은 것과 진배없다고 억보소리를 해댔다. 그러나 고개를 끄덕일 만한 어떠한 전조도 일어나지 않았다.

그러던 어느 날 새벽이었다. 뒷마당에 살모사 한 쌍이 뒤엉켜 있었다. 둘은 흘레 의식을 치르고 있었는지 꼬리 몸통이 붙어 있었다. '동물의 왕국'에서나 볼 수 있는 진기한 현장을 목격한 것이었다. 처음에는 망측스러워 지나치려 했다. 하지만 맹독성 파충류라는 생각이 들자, 아이들이 위험하다는 생각이 떠올랐다. 기숙사 사감은 이 고장 출신으로 부인과 함께 너덧 살쯤 되는 아이 둘을 키우고 있었다.

나는 청소할 때 사용하는 고무호스로 물대포를 쏘아 돌려보낼 심산이었지만 독사가 기진한 것인지 배를 쓱쓱 깔면서 뭉그적거리기만 했다. 이번에는 길쭉한 부지깽이로 모가지를 툭툭 건드리며 약을 올려 쫓으려 했다. 하지만 머리를 치켜들고 검은 혀를 날름댈 뿐 공격할 의지도 없고 도망갈 생각조차 안 한다. 도대체 이놈들은 무슨 생각을 하는 걸까.

약발은 내가 올라왔다. 나의 선의를 완전히 무시한 형벌이 어떤 것인지 똑똑하게 보여주리라. 그러면서도 포획할 도구를 챙겨 올 동안 숲속으로 사라지기를 내심 기대했다. 그들은 닥쳐올 운명을 모르는 듯 미적대고 있었다. 나는 땅꾼이 되어

집게로 한 녀석씩 꾹 집어서 페트병에 각각 위리안치하고 탱자나무 가시로 숭숭 구멍을 내어 숨통을 틔워주고 출근했다.

　민원인도 뜸한 사무실에서는 한 쌍의 살모사 포획 사건으로 직원들 간 의견이 분분했다. 종족 번식의 엄숙한 의례를 치르는 독사를 포획한 것은 인간이 할 도리가 아니다. 무슨 귀신 씻나락 까먹는 소리냐, 살모사는 모든 인류의 적이다. 색출해서 멸종시켜야 한다. 한의학에도 강장제로 버젓이 처방되는 파충류를 혐오식품이라고 헐뜯지 마라. 생사탕으로 양기를 돋우려 한다니 얼굴이 쳐다보인다. 등등.

　퇴근하자마자 숙소로 내달렸다. 약이 바짝 오른 살모사가 암수 마주 보며 푸르스름한 독을 뿜어대고 있었다. 잘못 취급하다가는 물려 죽을지도 모른다는 위기감도 들었다. 몬도가네가 된 인간과 냉혈 파충류가 대치하면서 팽팽한 긴장감이 감돌았다.

　우선 커피포트에 물을 끓였다. 딱 내 지적 수준의 동료가 어디서 가져왔는지 삼베 쪼가리를 구해왔다. 뱀탕의 껍데기를 걸러내는 채로 쓸 것이라니 한두 번 경험해 본 솜씨가 아니다. 기어이 한 사발 먹고 가겠다고 노골적으로 달려든다. 또 한 명의 공범이 궂은일을 자청한다. 뱀이 든 페트병을 거꾸로 기울이니 살모사가 커피포트 속이 제 무덤인 줄 모르고 스르륵 들어간다. 커피포트가 갑자기 요동치더니 이내 잠잠하다. 팽형烹刑이 가해졌다. 나무아미타불.

제 한 몸을 던져 생사탕生蛇湯으로 환생하는 순간이다. 일말의 후회와 연민과 죄의식이 몰려왔지만 엎질러진 물은 쩔쩔 끓고 시계는 자정을 가리킨다. 진기한 광경을 지켜보던 선량한 기숙생들도 각자 방으로 돌아가고 양기가 허기진 속물 덩어리 셋만 남았다. 양재기에 받치고 걸러낸 뱀탕은 마치 사골을 우려낸 곰탕 같았다. 두 사발 남짓 되었다. 주유소 유류 게이지가 돌아가듯 한 방울 한 방울 에누리 없이 삼등분하여 셋이 쭉 들이키고 아무 일도 없었다는 듯이 각자 방으로 돌아갔다.

나도 자리를 깔고 누웠다. 밤늦도록 긴장한 탓에 온몸이 뱀처럼 나른했다. 위기의 중년 남자가 원기탕으로 허한 몸을 보했으니 그 결과가 궁금하지 않을 수 없었다. 나는 오늘 밤에 기어이 한 소식을 기다릴 것이다. 비밀스러운 몸 어디선가에서 정직한 반응이 올 것이 분명하고 신기한 효험을 은밀하게 체험할 것이다.

얼마나 잤을까. 눈을 뜨니 희붐한 새벽이었다. 간밤에 눈을 부릅뜨다가 나도 모르게 곯아떨어진 모양이다. 아차 싶어 정신을 가다듬고 무슨 기별이 있는가 싶어 온몸으로 신경을 곤두세웠으나 기척이라고는 없다. 그뿐만 아니다. 오줌 줄기는 여전히 난분분하고 색깔마저 뿌옇기는커녕 노르스름했다.

그 이후에도 내가 상상하던 전조는 끝끝내 아무 일도 일어나지 않았다.

제5부

한칼에 베다

한칼에 베다
불나비
군사 우편
다섯이 하나되어
벽문어
가마니틀
그림 액자
가까이하기에는 먼 당신

한칼에 베다

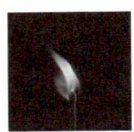

담배를 꼬나물었다. 성냥개비로 불을 붙여 서서히 들이마신다. 흡입하는 순간 숨이 막히고 기침이 훅 터져 나온다. 목이 따갑고 순간적으로 머리가 핑 돈다. 그럴 줄 알았다는 듯이 옆에 있던 친구가 냉큼 냉수까지 대령한다. 처음에는 물 마셔가며 배우는 것이라며 어깨를 다독인다. 함께 살고 따로 죽는다는 꺼벙한 의리가 사람 하나 죽이고 있었다. 학교를 졸업하고 취직 준비를 하던 자취방에서 고향 친구 J와 K가 합세하여 범생인 나를 꼬드겨 일을 저지른 것이다.

그로부터 이십여 년이 지났다. 나는 소문난 애연가로도 모자라 용고뚜리로 거듭났다. 늦게 배운 도둑이 날 샌 줄 모른다더니 내가 정말 그 짝이었다. 초등학교 시절, 또래의 아이들과 왕대밭에서 풍년초를 말아 피우다가 어머니께 들켜 혼쭐이 난 이후에는 담배를 멀리했건만 풀을 태우는 연초煙草

로 다시 태어났다.

 망우초忘憂草 한 개비로 세상의 모든 번뇌와 근심을 잊으려는 듯 건방을 떨어가며 피워댔다. 가난한 청춘이 실연의 아픔을 달래며 내 뿜는 담배 연기演技에 순진한 여자 친구들은 겉멋에 반하였다가 연기煙氣 속으로 사라지곤 했다. 이렇듯 술과 담배와 사랑은 삼류소설의 주인공으로 거듭나면서 한 시대를 휩쓸었다.

 2차 세계 전쟁이 한창일 때 시가를 즐기며 유머를 잃지 않았던 처칠 경의 리더십, 파일럿 선글라스에 흑단목 파이프를 비스듬히 꼬나물고 지프에 올라 전선을 누비는 맥아더 장군의 포스는 당대 애연가들의 우상이자 전설이었다.

 하루 피우는 담배 정량이 두세 갑이었다. 문서를 기안하거나, 민원인을 대할 때, 심지어 전화를 받을 때도 한 대 피워야 머리 회전이 빨라지고 말문이 술술 풀렸다. 니코틴이 살갗에 스며들었다. 러닝셔츠가 누렇게 변색이 되고 손가락에 밴 니코틴이 코끝을 스치면 코가 벌렁거렸다. 잠들기 전 머리맡에 담배가 없으면 불안했다. 휴지통을 다 뒤져서 꽁초 한 모금이라도 뻐끔거려야 잠이 들어 어느새 니코틴의 충직한 노예로 길들어져 있었다.

 보이는 것이라고는 넘성대는 파도뿐, 장승포에서의 타관 생활은 무료했다. 퇴근하면 기숙사에서 동료끼리 마작에 푹 빠져 있었다. 담배는 초조하고 박진감 넘치는 승부 게임에 심리적인 진정 효과를 가져다주는 마약 같은 것이었다. 뿜어대는 담배 연기가 가득한 방에는 오소리 몇 마리는 너끈하게 잡을 수 있을 지경이었다.

  술 마시는 날은 담배가 최고의 안주가 된다. 술 없이도 담배는 피우지만, 담배 없는 술자리는 상상하기 어려웠다. 흰죽같이 허여멀건 얼굴은 거무죽죽한 흑임자죽으로 변해가고 치주염을 앓게 되어 이를 뽑는 고통도 겪었다. 위궤양이 생기고 힘겹게 버티던 간 기능도 빨간불이 들어왔다. 몸 곳곳에서 이상 징후가 드러나면서 온몸이 금연을 보채고 있었다.

  결단해야 할 순간이 다가오고 있었다. 술이나 마작이나 바둑 등 니코틴 유혹이 강렬해지는 현장 상황에서 일도一刀해야만 금연에 성공할 확률이 높다. 과감하되 기습적인 일격에 끊어내지 않고는 실패한다는 것을 경험으로 알고 있었다. 아리랑 담뱃갑째로 가위로 싹둑 동강냈다. 한 허리가 잘려 나간 담배 개비가 사방으로 흩어져 낭자했다. 마음의 미혹도 죽도竹刀로 한칼에 베어버렸다. 수십 년을 이어온 악의 고리를 쳐내는 일이었다.

  금연과의 불꽃 튀는 공방전이 시작되었다. 입안에 침이 흥건하게 고여 정신이 아득해지고 어느 한 곳에 집중할 수가 없었다. 니코틴 부족으로 게임도 연전연패하여 종잣돈까지 다 털렸다. 불안, 초조, 수전증, 이명 등 극심한 금단 현상으로 멀쩡한 사람이 실성할 것 같았다. 중독의 덫은 깊고 집요했다. 두 달여 동안 이를 악물고 악마의 유혹과 싸웠다. 술과 커피 그리고 마작은 청산해야 할 적폐 대상 1호였지만 불기둥에서 견디고 이겨내야만 완전한 승자가 될 것 같아 함께 뒹굴었다. 황진이의 유혹을 물리친 화담花潭 선생을 떠올리니 까짓것 못 할 일도 없었다.

장승포항의 니코틴 대첩이 끝날 무렵 발령이 났다. 개선장군처럼 집으로 돌아오니 안방마님께서 별호를 하사했다. '미스터 한칼'이었다. 아내가 결혼한 이후 지금껏 엄지를 치켜들며 칭찬한 사례는 이것이 처음이자 마지막이다.

요즘 애연가들은 유리 상자 속에서 투명 인간으로 산다. 금연 지뢰밭이 사방에 깔려 있어 풀 죽은 모습들이 역력하다. 흡연 부스에서 뿜어대는 공초 선생의 후예들이 왠지 짠하다. 담배 연기가 자욱한 명동의 옛 청동다방에서 글초를 다듬었을 공초 선생께서 요즘 같은 금연 카페에서도 시상이 떠오를까.

담배는 이웃 간 소통하는 여인들의 빨래터 같았다. 꽁초를 돌려가며 한 모금씩 맛보는 찐득한 우정. 고된 훈련 속에 화랑 담배로 꽃 피운 전우애. 샐러리맨의 시린 마음을 달랜 궐련이 그러했다.

금연한 지 삼십 년이 흘렀다. 지금도 길 가던 중 갓 피어오르는 담배 연기가 코끝에 스치면 구수한 니코틴의 향수에 어질어질해진다. 내 인생에서 가장 나답게 결단한 최고의 순간이었다. 담배 연기 속에 그을린 지난 세월이 아득히 멀어져 간다.

불나비

노래방에서 때아닌 곡소리가 새어 나온다. 쓰나미처럼 휩쓸고 간 코로나로 문전성시를 이루었던 노래방이 일시에 된서리를 맞은 것이다. 한때 참새가 방앗간을 기웃거리듯 꼭 들러야 하는 성지 순례 같은 코스였다. 나는 술과 사람을 좋아하면서도 가무는 꺼린다. 하지만 분위기에 휩쓸려 노래방에도 들락거리곤 했다. 더구나 술기운이 애매하게 알딸딸한 날에는 그곳처럼 어색하고 난감한 곳이 또 없었다. 억지춘향이로 이끌려 온 곳이라 영혼 없는 흥취로 장단을 맞추는 것도 여간 고역이 아니다. 어색한 심사를 달랠 겸 애먼 맥주만 들이켜며 여흥이 파하기만 기다린다. 일행은 흥겨운 음악에 막춤으로 흔들어 대며 술독에서 슬슬 기어 나오지만 나는 더 깊숙이 술 밑바닥에 빠져드는 시간이기도 하다.

일행이 돌아가면서 신명 나게 몇 곡씩 뽑고 난 다음에야 꾸어다 놓은 보릿자루처럼 앉아 있는 내 차례가 돌아온다. 노래판에 뛰어들 흥이나 끼가 없으니 있어도 없는 듯 지내야 하는 내 처신이 고달프다. 노래판에서는 뭐니 뭐니해도 맛깔나고 구성지게 노래하는 한량이 최고라는 걸 사무치도록 깨닫는다. 몸치도 부족하여 음치에 박치까지 고루 갖춘 삼박자 노래 인생이다.

나는 비장의 애창곡인 불나비를 일발 장전―發 裝塡한다. 노래 솜씨야 볼품없지만 샌님으로 업신여김받는 일은 안 될 말이다. 일발 장전은 성능 좋은 최신 소총 무기인 K2라면 좋겠지만 6·25전쟁 기념관에나 있을 법한 M1 소총이다. 방아쇠를 당겨도 제대로 유효 사거리로 발사될지 불안한 낡은 고물딱지 총열을 들고 무대에 나선다.

지금 어느 시대인가. '불나비'라니. 50년도 더 된 쌍팔년도의 흘러간 옛 가요다. 노래방 기기에 이 곡이 수록되어 있기 망정이지 먼 훗날, 이 노래를 찾는 사람이 과연 몇 명이나 될까. 가사는 애절하고 비장하지만, 총신이 부실해 고음에서 목울대가 쇳소리를 내며 쌕쌕거린다. 아이돌에 버금가는 쌈박한 발라드곡으로 한층 분위기가 고조 된 마당에 걸쭉하고 시금털털한 막걸리 풍의 노래가 재를 뿌렸는지 분위기가 썰렁해진다. 그러거나 말거나 내친김에 목청껏 내지르다 보면 막힌 하수구가 확 뚫리듯 유쾌 통쾌하여 묵은 체증이 쑥 내려가는 것 같다. 풍류를 좀 안다고 거들먹대는 친구도 이 순간에는 눈 아래 깔린다. 이 맛에 제비같이 얇실한 내 친구는 제 흥에 겨워 흐느적거리나 보다.

  내가 구제 불능의 박치라는 사실을 알게 된 지인들은 처음에는 당황하고 안쓰러워하는 눈치였다. 원래 저보다 시원찮은 가십거리는 방방곡곡 빠르게 입소문으로 퍼 나르는 법. 덕분에 나의 창가 레퍼토리는 저들이 먼저 꿰고 있다. 심지어 노래방 기기 곡명 번호까지 기억하는 쓰잘머리 없는 친구도 있다. 어쩌다가 음정 박자가 서로 밀고 당기며 감칠맛 나게 호응하여 불나비가 훨훨 날아다닐 때도 있다. 이렇게 노래가 좀 되는 날은 1959년도 가요인 '유정 천리'를 소환하여 늘어지고 불어 터진 곡조를 청승맞게 불러 젖히며 음치의 서러움을 천 리 먼 길로 떠나보낸다.

  불나비는 내가 있는 한 누구도 먼저 선창하지 않는다. 계송戒頌 같은 불나비 노래를 모르는 사람은 나와 가까운 친구나 지인이 아니다. 빛을 향하여 제 한 몸 불사르며 재가 되려는 무모한 사랑이 눈물겨워 이 노래를 좋아하는 것인지도 모른다. 아내는 묵직한 내 음색이 매력적이라며 일단 치켜세운다. 그리고선 출렁다리처럼 위아래로 너울거리는 박자가 문제라는데 당최 뭔 말인지 모르겠다. 나의 의제義弟 유복은 마이크만 잡으면 사람이 근사하게 보인다. 그가 '테스형'을 부르면서 발바닥 추임새로 느물거릴 때면 심장이 몰랑몰랑 녹아내린다.

초등학교 음악 시간, 풍금 앞에서 노래 실기시험을 볼 때였다. 나는 가뜩이나 숫기도 없고 어수룩한데다 부끄럼이 많았다. 또래 앞에 잘 나서지 못하고 발표할 때도 자신감이 떨어져 쭈뼛거렸다. 그날도 나를 지켜보는 아이들의 호기심 가득한 눈망울에 불빛에 갇힌 고라니처럼 꼼짝할 수가 없었다. 더구나 순이의 까무잡잡한 얼굴과 마주치자 갑자기 머릿속이 하얘지면서 가사와 박자를 홀라당 까먹고 말았다.

결국, 나는 동요 한 곡 제대로 부르지도 못하고 홍당무가 되어 연단에서 내려오게 되었다. 이 일은 내 음악 인생의 슬픈 서곡이었다. 내 초등학교 음악 성적은 항상 '미'를 맴돌았다. 선생님이 나를 딱하게 여기지 않았다면 최하위 등급인 '양'이 되어 풀밭에서 풀을 뜯고 있었을지도 모를 일이다.

음악 시간에는 꽁지를 내리고 입을 앙다물었다. 구구단을 단숨에 달달 외는 총기는 사라지고 가사 한 줄 제대로 읊지 못하는 얼뜨기가 되었다. 고무줄 끊어먹으며 순이를 좋아하지 않았다면, 복면가왕처럼 가면을 쓰고 불렀다면, 나는 지금 마이크 앞에 어떤 모습이었을까.

유년 시절의 가볍게 넘어갈 사안이 한 인간의 생을 옭아맬 수 있다는 사실을 절절하게 느낀다. 다시 한번 뻔뻔하게 도전했더라면, 좀 더 유들유들했더라면 노래를 대하는 자신감이 나아지지 않았을까. 나는 진심으로 노래와 춤 잘 추는 사람이 부럽다 못해 존경스럽다.

점잖은 것도 사치스러울 나이에 나는 아직도 친구나 지인 앞에서 능청스럽게 노래한다는 것이 어색하고 부끄럽다. 마이크만 잡으면 얼굴이 달아올라 숨이 가빠오고 입안이 바싹 마른다. 아무래도 앙코르 받으며 노래로 박수받기에는 틀린 것 같다.

  밤 허공에 등불 걸어놓고 음정 박자 무시하고 불나비를 목놓아 불러본다. 처연한 가락이 바람결에 실려 와 귓가에 맴돈다.

군사 우편

카톡이 들어왔다. 의령에 있는 벗으로부터 온 것이다. 열어보니 뜻밖에도 두 통의 편지와 겉봉투가 찍힌 사진이다. 줄이 쳐진 편지지에 펜으로 쓴 글씨가 한눈에 들어왔다. 봉투 가장자리는 너덜너덜해지고 글씨조차 낡았지만, 낯익은 친구의 필체는 변함없이 꼬물거리고 있었다. 편지 내용 끝부분에 보낸 날짜가 1970년 12월 17일이다. 언뜻 헤아려 보니 반백 년이 지난 일이라 놀란 입을 다물 수가 없다.

편지 봉투에는 수신인의 주소와 이름이 선명하다. '제39xx 부대 인사행정과 일병 이삼우 귀하'이다. 겉봉투에는 청색 물색에 하얀 태극기가 펄럭이는 십 원짜리 우표와 강원도 횡성우체국 반송 딱지가 붙어 있다. 수취 불능 고지서가 누렇게 변색하여도 자신의 의무를 잊지 않으려는 듯 껌딱지처럼 겉봉에 달라붙어 수신인의 행방을 찾고 있었다. '이사한

곳 불명'이라는 반송 사유서에 찍힌 우체국 소인이 세월을 잊은 듯 묵묵하다.

군기가 들어 눈빛만 형형했던 신병 때였다. 정붙일 때 없는 삭막한 병영 생활 중 가족과 친구로부터 군사 우편으로 받아보는 편지는 돈으로 환산할 수 없는 색다른 감동을 준다. 이 편지는 70년대 초 강원도 횡성의 전방부대에서 근무하다가 야전군 사령부로 전출하는 사이 편지가 되돌아간 것임을 짐작할 수 있었다. 그 서한이 군사우체국을 거치지 않고 카톡으로 주인을 찾아온 것이다. 실로 한 허리가 꺾어지는 머나먼 세월을 거슬러 온 것이었다.

임천林川은 친구의 호다. 학창 시절 또래보다 신중하고 어른스러웠다. 나이도 두 살이나 많아 형 같은 동기생이었다. 그런 그가 아득한 옛날 군사 우편으로 반송되어 온 서한을 지금껏 간직하고 있었다는 게 믿어지지 않는다. 봄날 같은 한때, 그에게도 있을 법한 첫사랑의 연서라면 모를까. 달빛이 내려앉는 교정에서 싹틔운 우정이 새삼 가슴을 서늘하게 한다.

친구의 서한을 받으면서 나의 가벼운 처신이 부끄러워진다. 은근함이 부족한 성미라 한때 친구들과 주고받은 편지 다발을 보관하기 귀찮다는 이유로 태워 버렸다. 그뿐만 아니다. 아내가 시집올 때 예쁜 함에 간직하여 가져온 연서도 몇 번의 이사 끝에 굴러다니는 헌책과 함께 폐기하고 모르쇠로 시치미 뗀 사람이다.

　세월이 흐르면서 지치고 힘들었을까. 어느 날 아내는 불현듯 연애 시절이 떠올랐는지 편지의 행방을 찾다가 내가 없앤 것을 알아차리고 몹시 서운해하며 낙담했다. "버릴 것이 따로 있지…." 그때야 간 큰 남자도 뜨끔 했지만 이미 아궁이 속으로 사라진 불꽃이었다. 아내에게 돌담길 연분홍 연정이 여태껏 남아 있을 줄 누가 알았으랴. 추억의 날개가 부러지는 순간 홀연히 나쁜 남자로 끝없이 추락하고 말았다.

　타임캡슐을 열어젖힌다. 글 줄기를 따라 일그러진 우리들의 영웅도 있었다. 사랑에 목말라하는 갈증과 맑은 우정이 흐르고 만남과 이별 속에 기쁨과 슬픔이 넘나들고 있었다. 중간 대목 어느 한 구절에 시선이 머물며 눈시울이 붉어진다. 그 편지 속에는 이미 유명을 달리한 친구의 이름이 여럿 거명되고 있었다. B의 얼굴도 C의 모습도 L의 웃음을 다시는 볼 수 없다는 게 믿어지지 않는다. 가깝게 지나던 벗들이 하나둘 앞다투어 떠나거나 건강이 여의찮은 친구가 여럿 있다. 편지 속에서 안부를 나누며 우의를 다졌던 예천의 친구와 듬직한 리더였던 아정雅正도 같은 하늘 아래 건강하게 늙어 가고 있어 다행스러운 일이다. 그들은 학창 시절의 향수를 불러일으키는 반딧불 같은 소중한 벗이다.

　편지의 행간에는 잊힌 이야기도 있었다. 돌탑 아래 드리운 옛 그림자처럼, 그리운 이를 떠나보낸 쓸쓸한 간이역 같은….

나는 지금도 군 연무대 푸른 잔디 위로 울려 퍼진 '엘 콘드로 파사'의 오카리나 연주가 귓가에 맴돌면 마음이 처연해진다. 스쳐 가는 바람이라 여기면서도 여흔餘痕은 오래 남는다.

흙바람이 이는 황혼 녘이다. 거침없이 달려온 세월이 때때로 버거웠다. 돌아보니 어느 하나 실하게 이룬 것은 없지만 열심히 살아왔던 것 같다. 친구에게 묻고 또 묻는다. 지금껏 누려온 저마다의 생애가 그 시절 우리가 꿈꾸었던 모습과 무엇이 어떻게 다른지를. 푸른 날 그 이름만으로도 빛났던 친구와 함께 옛날로 돌아가고 싶다.

따뜻하게 둘러싸인 친구의 우정을 되새겨본다. 지금 한 줄 답신을 보낼 수 있다면 이런 마음이 아닐까. 우리 곁을 스쳐 간 것은 바람만이 아니라는 것을. 그토록 영원할 것 같은 사랑과 우정도 세상 끝으로 흘러가고 있다는 것을….

반세기를 묶어둔 갸륵한 우정, 종이배로 고이 접어 강물에 띄워 보낸다. 그대 잘 있어라.

다섯이 하나되어

긴 세월 함께한 형제가 있다. 애니메이션으로 선풍적인 인기를 끌었던 '독수리 5형제'처럼 불의와 싸우는 영웅도 아니요, 만나면 물어뜯고 싸우던 드라마 속 '덕수리 5형제'는 더더욱 아니다. 피 한 방울 섞이지 않은 의형제다. 의와 우정의 한올진 마음으로 도원결의를 맺은 지 벌써 오십 년 전의 일이다.

우리가 만난 것은 같은 직장에서였다. 군대 갓 제대한 이십대의 풋콩으로 만나 눈빛만으로도 한마음이 되어 의기투합했다. 포장마차에서 정을 들이키고 온기를 나누며 동료애를 키웠다. 얼마 후 부처 조직 개편으로 모두 뿔뿔이 흩어졌다. 나와 청곡은 타 부처로 전출되고 무명과 가람은 농협으로 이직했지만 한발 앞서 농협에 근무한 송원이 합류하여 마침내 다섯이 하나되는 의형제가 되었다.

무명은 한때 날 선 기질로 현실과 타협하지 못해 방황했지만, 따뜻한 인성을 지녔고 정의롭고 반듯했다. 훗날 금융인으로서 성공하는 모습을 지켜보면서 한 사람의 인생과 능력은 함부로 예단할 수 없는 불가사의라는 생각이 들었다. 은퇴 후에도 많은 후배가 따르는 것을 보면 좋은 인간관계로 조직을 이끌었던 것 같다. 청곡은 유교적 가치관이 선명해 예의와 도리에 한 점 흐트러짐이 없어 형제들의 훈장감이었다. 공직에서 뜻한바 모두 이루고 지금은 노무사로 활동하고 있으니 성공한 인생이라 할 수 있겠다. 송원도 금융업에서 퇴사 후 거창에서 부동산 중개사로 지역 발전의 일꾼으로 명성을 날리며 타고난 성실성과 깔끔한 성품으로 노후를 멋있게 보내고 있다. 금융인이었던 가람도 명퇴하고 텃밭을 가꾸는 전원생활을 즐기며 형제들의 허드렛일을 도맡아 하고 있다. 믿고 맡길 수 있는 장남 같은 막내다. 겸양과 넉넉한 품성으로 덜렁대는 형들을 한결같이 떠받들며 보좌했으니 그 행적이 단연 으뜸이었다.

  몇 분 사이에 형 아우가 갈라지는 쌍둥이 형제의 운명이 그러하듯, 사내들의 세계는 위계질서가 분명해야 위아래를 넘성대지 않고 꽁지깃을 내리는 법이다. 연장자인 나와 막내 아우를 제외하고는 아우 셋은 도토리 키 재듯 어깨동갑이었다. 친구 같은 형제로 지내다가도 서열 갈등으로 미묘한 때도 있었다. 선연하게 매듭짓고 풀지 못한 아쉬움이 남았지만, 다시 생각해도 부질없다는 생각이 든다.

  막내였던 가람도 마음이 하고자 하는 바를 좇아도 도에 어그러지지 않는다는 종심 반열에 합류했다. 오 형제 모두 고희를 훌쩍 넘기면서 별호를 하나씩 지었다. 수월, 무명, 청곡, 송원, 가람이 형제들의 명호이다. 그중 무명은 내가 작명해 주었다. 그의 성품대로 공명에 헛돌지 말고 유유자적 살라는 뜻이었다.

  결혼 이후에도 집안의 대소사를 자기 일처럼 돕고 축하해 주는 든든한 버팀목이 되었다. 새 가정을 꾸리면서 형제간에 실금이 그어지지 않을까 걱정했으나 어질고 현숙한 제수씨들 덕분에 한낱 기우에 지나지 않았다. 형제들의 출발은 소소했지만, 끝은 창대하고 번성했다. 아들딸에 사위, 며느리, 손주 등 삼십여 명의 대가족을 이루었다.

  몽돌이 둥글둥글한 것 같아도, 물에 잠기면 제 색깔을 드러내듯 반들거리기도 한다. 형제들은 저마다 개성이 뚜렷했지만, 형제의 울타리 안에서는 품지 못할 일도 아니었다. 하나같이 듬쑥한 인품 때문이었으리라. 손위인 나는 잘난 구석이 없는지라 아우들의 의견을 존중하고 중의에 따랐다. 또한, 맏형으로서의 권위를 버리고 허물을 숨기지 않았고 의견 대립이 있을 때는 중재하거나 어느 편에도 서지 않았었다. 시간이 흐르면 원만한 방향으로 해결된다는 사실을 터득했기 때문이다. 그런 나를 우유부단하다고 여기지 않고 깍듯이 예우하며 잘 따라주었다. 산과 바다로, 계곡과 섬으로 함께 몰려다녔던 수많은 행로는 사진첩에서 추억으로 모락거린다.

누군가 우리를 늙은 독수리라고 말할지 모르겠다. 발톱은 무디고 육신은 쇠해도 세상을 바라보는 안목과 아직도 뜨거운 가슴은 살아 있다. 하지만 언젠가는 하나둘 행장을 꾸려 먼 길 떠날 것이고 남은 이는 떠난 인연을 그리워할 것이다. 형제 순으로 배웅하고 뒤따라갈 수 있게 서원을 세웠다는 막내아우의 속정을 듣는 순간 가슴이 먹먹해진다. 떠나는 길목에 남아있는 형제가 술 한 잔 따라놓고 함께한 세월을 추모해 준다면 쓸쓸하지 않을 것 같다.

전화가 왔다. 형제들끼리 만나 술 한잔하잔다. 모이는 날 아침부터 마음이 달뜨고 기다려진다. 함께 늙어 가며 의형제끼리 소주잔 기울이며 세상 이야기 나누는 것만으로 하루가 즐겁다. 하나같이 뒤뜰 감나무에 매달린 말캉한 홍시같이 잘 익은 삶이었고 날가지에 꽃피운 인생이었다. 그들이 있어 내 인생의 어느 한 부분이 충만했으며 노년에 이르러 외롭지 않았다. 소중하고 귀한 인연이었다.

한때 우리의 가슴을 설레게 했던 사랑과 우정도 옛이야기처럼 흘러간 전설이 된다. 하나가 모여 다섯이 되고, 다섯이 하나 되어 쌓아 올린 의형제의 길. 이제 모두 해넘이께에 들어섰다. 퍼덕거리던 날개를 접을 날도 머지않았다. 가슴속으로 시린 바람이 인다.

벽문어

우연히 〈푸른 휘파람〉 한 편을 읽었다. 구활 선생의 수필이다. 첫 서두부터 '쌈은 예술에 가깝다.'라는 유혹적인 메시지에 휘둘려 말미 맺는 글줄에서 더는 참지 못하고 터져 나오는 침을 꿀꺽 삼켰다. 구강에서 자중설난自中舌亂이 일어날 지경이다. '갓 잡아 올린 싱싱한 고등어를 나뭇잎 크기로 포를 뜨고 밥 한술에 날된장과 통마늘 한 개를 얹어 먹으면 기막힌 고등어 쌈밥이 된다. 뱃전에 기대앉아 막소주 한 잔에 고등어 쌈이라…. (이하 중략)'

제주공항에 근무한 적이 있었다. 첫 일선 과장으로 발령난 들뜬 기분과 제주 특별 도민이 된다는 설렘으로 마음이 울렁거렸다. 객지 생활이란 괴죄죄하고 궁상스러운 경험으로 우울했지만, 이번만은 그렇지 않을 거로 생각했다. 일과가 끝나면 고삐 풀린 망아지처럼, 때로는 간세꾸러기처럼 어슬렁거리며 아침이면 뫼 오름, 저녁이면 협죽도가 너울거리는 밤거리를 돌아다녔다. 매달리는 것이 없으니 탈속한 스님처럼 홀가분했다.

　가족이 기다리는 주말을 제외하고는 징검다리 공휴일이거나 공항에 외국 항공기 이착륙 일정이 없는 날은 바람든 풍선처럼 넘성거리며 섬 구석구석을 돌아다녔다. 제주 거주민으로 제일 먼저 달려간 곳이 탐라의 자존심인 갈치와 고등어 생선 횟집이었다. 맞선보듯 생경하고 설렌 맛이었다. 소문난 고기 국숫집, 제주 3대 해장국 집도 자주 들락거렸다. 철 따라 애월의 한치물회, 모슬포의 대방어회, 서귀포 중문의 통갈치구이와 탑동의 자리돔구이, 한림항의 다금바리를 시식하며 맛객의 즐거움으로 객지 생활의 무료함을 달랬다. 돔베고기, 말고기, 멧돼지고기, 노루고기도 빼놓을 수 없는 제주만의 특별한 육식 먹거리였다.

　공항만 도시에 근무하는 여건상 평소 숨어 있는 맛집을 찾아다니는 것도 무료한 일상을 들뜨게 한다. 통영 앞바다의 복어회, 영덕 참가자미 물회, 목포의 민어회, 장승포의 보리새우, 여수의 갯장어회, 물금읍의 웅어회, 기장의 멸치회, 낙동강 명지 꼬시래기와 전어회, 진해구 용원의 대구회, 진주와 하동의 쏘가리회, 양산의 향어와 잉어회는 세월이 흘러도 입맛이 살아 살근거린다. 생선은 지역과 철 따라 응집된 고유의 맛이 배어 있어 어느 어종이 최고라고 말하긴 어렵다. 하지만 값도 싸고 사시사철 먹을 수 있는 싱싱한 날것이야말로 최고의 횟감이라 할 수 있다.

  나는 하고많은 생선회 중 고등어회 맛을 오매불망 잊을 수 없다. 비린내로 역겨울 거라는 선입견을 비웃으며 난질난질한 회의 참맛을 알게 해주었기 때문이다. 구활 선생의 고등어 쌈은 아무 데서나 먹을 수없는 태생적 한계점을 안고 있지만 제주도에서는 맘껏 맛볼 수 있어 관광객과 애주가의 최애 안줏거리다. 요즘 제주도 첫 항공편으로 운송된 활어를 부산에서도 먹을 수 있다는 소식에 놀란 입을 다물기도 전에 고등어회가 입안에서 춤추는 세상이다.

  고등어란 놈은 생긴 것은 멀쑥해도 뭍에만 나오면 바둥거리며 성질부리다가 제풀에 눈을 까뒤집는다. 스스로 부패하여 잡인의 근접을 멀리하고 온전하게 제 한 몸을 얼간하려는 의기는 높으나 세상에는 뛰는 놈 위에 나는 놈이 있기 마련이다. 간당간당 목숨줄 붙여놓고 조곤조곤 포를 뜨며 칼맛을 즐기는 셰프 앞에는 살신성어殺身成魚의 항거도 말짱 도루묵이다.

  ≪자산어보≫에서는 고등어를 벽문어碧紋魚로 표기하고 맛이 달며 시고, 탁하며 국을 끓이거나 젓을 담글 수 있어도 회나 어포는 할 수 없다고 기록되어 있다. 오늘날처럼 활어로 보관할 어창이 마땅찮았음이 짐작된다. 하지만 정약전 선생

께서 이백여 년 전에 요즘처럼 살아 펄떡이는 고등어 생선회를 맛보았다면 어땠을까. 안주 한 점에 농주 한 사발 들이켠 얼큰한 심사에 이현보의 '어부가' 정도는 읊조리며 뱃전에서 풍류를 즐기지 않았을까. 아니면 고등어를 어탁하고 그 아래 '좋아요' 댓글 달아 입속에 살살 녹아내리는 어질어질한 풍미를 기록으로 남겼을 것이다.

 물결무늬의 고등어회가 하얀 접시에 정갈하게 담겨 나온다. 비스듬히 엇썬 생선회는 흰 살점에 분홍빛이 감돌아 순결한 자태를 드러낸다. 간장 소스에 살짝 찍어 입에 넣는 순간 착 감기는 부드러운 식감이 상큼하고 달짝지근하다. 등燈푸른 고등어가 몸속 여기저기를 헤집는다. 여기에 소주 한잔 곁들이면 구강은 무아지경에 이른다.

 뱃전에서는 막소주가 찰떡궁합이지만, 탐라에서는 한라산 소주가 딱 제격이다. 소주 몇 병이 바닥을 드러내면 몸은 후줄근해지고 혀는 둥글게 말린다. 이때쯤이면 국물을 바특하게 조린 고등어조림이 올라온다. 찰기가 자르르 흐르는 쌀밥에 물컹 덜컹한 고등어조림 뱃살 한 점 밥 위에 걸쳐 먹는 맛이란….

 선도가 샐쭉하기 전에 짭조름한 안동 간고등어로, 맛이 살짝 말라가는 벽문어는 부산의 고갈비로 떠날 채비를 해야 하리라. 목덜미를 타고 흐르는 알코올이 빈창자 속으로 스며든다. 바스락대던 마음이 촉촉해지고 펑퍼짐해진다. 술자리 함

깨한 누구는 어느덧 시인이 되고 철학자가 되었다가 다시 늙은 아이가 되어간다.

가마니틀

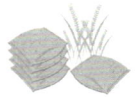

가마니틀이다. 볏짚을 물어 나르게 하는 잣대의 발판 기능은 부서지고 대침 막대는 틀 중간쯤 오도카니 멈추어 있다. 허물어져 가는 서까래처럼 초라하고 낡은 형틀에는 지난 세월이 묻어난다. 더구나 짜다 만 가마니가 넝마처럼 걸려 있어 궁상스럽기까지 하다. 민속박물관에 전시된 가마니틀의 나무 기둥을 어루만지며 아득한 어머니의 체취와 함께 회한에 젖는다.

사람마다 가슴에 돌 하나쯤 누르고 산다. 드러내고 싶지 않은 아픔이 왜 없을까. 고추바람에 문풍지 또르르 울어대는 겨울밤, 여위어 가는 호롱불 심지 돋우며 어렵사리 함께 보낸 가족사를 나는 잊지 못한다.

가을걷이가 끝난 들녘은 황량하다. 낱알 지푸라기가 소슬바람에 나붓거리고 허수아비가 을씨년스러운 십일월 끝물.

텃밭에 첫서리가 내릴 무렵이면 겨울 한 철의 농한기가 다가온다. 계절 따라 쉴 새 없이 들판으로 내몰리던 농부들도 오곡 작물을 갈무리하고 동네 사랑방을 기웃거리는 여유를 부린다. 그러나 그것도 잠시, 집집마다 여인네들의 가마니 치는 소리가 사립문 밖까지 들려온다. 알곡을 내다 팔지 않으면 고린전 한 닢조차 손에 쥘 수 없는 애옥한 농촌 살림살이였다. 한 푼이 아쉬운 형편에 농가 부업은 돈 가뭄을 해갈하는 단물 같았으리라. 가마니를 짜서 받은 돈으로 밀렸던 학교 기성회비도 내고 털신도 사 신는 등 일용품을 구매할 수 있는 유일한 소득원이었다.

헛간에 있었다. 족답식足踏式 구동驅動 가마니틀은 한 사람이 손과 발을 이용하여 가마니를 짜는 형틀이다. 거적 한 장이라도 짜려면 새끼는 가마니의 날실이 되고 볏짚은 씨실이 된다. 대침이 연결된 발판을 밟아 바늘 코 막대기가 왕복하면서 양손에 쥔 짚을 바디 사이로 날름날름 물어 나르면 나무둥치로 내리찍어 한 올 한 올 거적이 직조되고 가마니가 탄생한다. 어머니의 손과 발의 현란한 놀림이 마치 드럼을 치듯 경쾌했다. 날렵하게 짚을 꿰어 먹이는 솜씨는 가히 예술이었다.

엉그름진 손과 발로 촘촘히 엮어낸 가마니는 허접한 거적에 지나지 않는다. 하지만 가족을 부양하려는 간절한 땀방울로 직조된 얼개요 풀어내지 못한 정한과 시름을 담아내려는 매듭이었을 것이다. 가마니 한 장이 쌀 한 됫박 값도 안 되는 허망한 일이었음에도 정성껏 살아 내신 어머니의 생애가 애달프면서도 소중한 가르침을 준다. 살아 낸다는 것은 이렇듯 어기차고 숙연한 것임을 그때는 알지 못했었다.

어머니는 겨우내 헛간에 머물렀다. 피륙을 직조하듯 동지섣달 짧은 해를 가마니틀에 걸어놓고 정성껏 거적때기를 짜내려갔다. 면벽 수행하는 선승의 마음으로 가마니틀 앞에서 식솔을 품으려는 일념 하나로 버텼으리라. 헛간에는 짚북데기와 새끼 냄새만 모락거렸다. 햇살도 비껴가는 외지고 후진 곳. 그곳에는 흥겨운 노래와 추임새나 입말도 없었다. 오직 절커덩대며 가마니 치는 쇳소리만 허공에 맴돌았다.

볏짚이 가마니의 살가죽이라면 새끼는 든든한 힘줄이었다. 새끼를 꼬려면 짚단을 알맞게 물에 축여 볏짚의 거친 숨을 죽여 놓아야 한다. 마르고 거친 지푸라기는 서로 맞대어 비비는 순간 부스러지기 때문이다. 짚단의 뿌리 부분이 거칠고 뻣뻣하면 부들부들할 때까지 나뭇매로 두들겨 매운맛을 보여준다. 세상 만물의 이치도 한풀 꺾이는 순간 유순해지고 고개를 숙이는 법. 볏짚도 예외가 아니다. 사람 관계에서도 여낙낙하고 부드러운 인성이 최고의 덕목이듯, 물기 없이 바삭거리는 성질을 촉촉이 길들여야 야무지게 새끼가 꼬아진다. 비비고 부대끼면서도 서로를 내어주고 한몸으로 뒤섞이며 꼬아 올려야 한다.

　농가 부업은 쑥이 언 땅을 헤집고 나올 때까지 이어졌다. 새끼를 꼬아 올린 손바닥은 까맣게 반들거리고, 앉은 자세에서 새끼를 뒤쪽으로 뽑아내는 작업으로 엉덩이 바지가 해지기도 한다. 그럴 때마다 어머니는 오백 원 동전 크기만큼 미어진 바지 안쪽에 헝겊을 덧대어 주며 안쓰러워했다. 새끼를 사려놓은 크기가 밤늦도록 꼬아온 성적표다. 나는 늘 누렁 호박 한 덩어리보다 크고 초파일 연등보다 작았다. 다음날이면 어머니는 식구들이 밤새 꼬아놓은 새끼를 틀에 걸고 가마니를 쳤다. 언제나 첫 가마니의 힘줄은 고사리손으로 꼬아 올린 아들의 새끼뭉구리였다.

　지금은 농촌에서도 가마니틀은커녕 짚내 나는 가마니조차 쉽게 볼 수 없다. 필요하다면 새끼도 기계가 꼬아 주는 편리한 세상이 되었다. 혹여 박물관이 아니면 볼 수 없는 사라진 농기구 중 하나일 뿐이다.

　흙냄새가 배어 나오는 머릿방. 희미한 등잔불 아래 지푸라기 추어올리며 나누었던 살가운 목소리들. 고향을 지키며 어머니가 수없이 짜 내려간 가마니는 누군가의 소중한 물건을 보관하며 썩어서 재가 되고 흙으로 돌아가 새로운 생명의 자양분으로 거듭났으리라. 몰래 가마니를 짜보려다가 바늘 코 막대기를 부러뜨려 놓은 채 줄행랑친 추억마저 없었다면 나의 유년은 쓸쓸했을지도 모른다. 묻혀간 세월 속에 탯줄같이 질긴 인연, 어머니와 가마니틀과 가마니도 한 줌의 흙이 되고 바람이 되었다.

　박물관을 나서다가 문득, 먼 곳에서 귀에 익은 소리, 떨거덕대며 가마니 치는 환청이 들리는 듯해 뒤돌아본다. 서녘 하늘에 흐릿한 노을만 가득하다.

그림 액자

이삿짐센터에서 집안을 뒤죽박죽 헤집어 놓고 갔다. 내일이면 솥단지를 끌어안고 새 보금자리로 떠나야 하는 어수선한 밤이다. 혹시 빠뜨린 것은 없는지 이 방 저 구석을 흩어보다가 그림틀 한 점이 눈에 들어왔다. 처음 이사 올 때부터 서재 벽면에 대롱거리고 있었던 액자이다. 넓은 거실에서 뭇시선을 받을만한 명화가 못되다 보니 한쪽 구석에 맥없이 걸려 있었다.

그림을 보는 순간, 어질러진 이삿짐을 비집고 타임머신을 타고 과거로 돌아간다. 액자 속 그림은 달달한 신혼집에서 시작하여 데면데면 늙어가는 긴 세월 동안 노부부의 삶과 애환을 터줏대감처럼 물끄러미 지켜본 산증인이기도 하다.

액자를 걷어내어 먼지를 닦으면서 아내의 마음을 넌지시 떠보았다. "이 그림 이제 버리고 갈까." 그러면, 응당 "응, 버리지 뭐." 할 것으로 지레짐작하고 던진 말이었다. 부엌살림 챙기느라 정신없던 아내는 하던 일을 멈추고 잠시 생각하더니 "그래도 이 그림은 당신이 결혼 전에 내게 선물한 거잖아." 한다. 뜻밖이었다. 아내가 처녀 적 함께한 추억을 소중하게 간직하고 있었다니. "그래? 그럼 챙겨 가지 뭐." 무심한 듯 화답하면서 목울대가 뜨듯해지고 바삭거리던 마음이 촉촉해진다.

액자에 담긴 그림은 4호 정도 크기의 유화다. 이 그림은 아내가 시집올 때 친정에서 챙겨온 것으로 지금껏 십여 차례의 이사를 하면서도 알뜰하게 간수해 온 소장목록 1호다. 결혼 전 아내와의 사연이 얽힌 물건 중 이보다 더 추억할 만한 애장품은 없는 것 같다. 결혼예물 시계도 언제 잃어버렸는지 기억이 가물거리고 가락지도 어디에 두었는지 행방이 묘연하다.

처녀 총각 때, 지금의 아내에게 선물한 이 유화 그림은 보수동 근처 어느 허름한 화랑에서 구매한 것이었다. 열혈 청년이 연정을 품은 여인에게 난생처음 선물하는 물건 중 왜 하필 그림을 택했을까. 지금 생각해도 생뚱맞지만 아마도 그림이 암시하는 의미가 마음에 들었을 것이다. 액자 속의 그림에는 한 쌍의 사슴이 노송 아래 노닐며 숲속을 향해 걸어가는 목가적인 풍경이다. 수컷은 우아하고 화려한 관冠을 높이 세운 채 위풍당당하게 앞서고 암컷은 수줍은 듯 다소곳이 뒤따르는 정경이 정겹고 평화롭지만 그렇다고 예술성이 빼어 난 작품으로 보이지는 않는다.

화가 지망생의 습작 수준의 그림일는지 몰라도 우리 부부에게는 봄날의 햇살 같은 서정이 담긴 화폭이다. 손끝의 붓으로 예술의 혼을 덧칠하며 캔버스에 꿈과 열정을 담아내었을 그때 그 무명 화가도 지금쯤 황홀한 노을을 채색하며 인생을 마무리하고 있지 않을까.

　선물이란 무엇인가. 아주 특별한 날 각별한 정을 담아 나누려는 무구한 마음으로 값을 매길 수 없는 정성이 담겨 있다. 답례로 주고받는 예물, 동기가 불순한 뇌물성 선물, 의례적인 상업성 기념품, 명절의 인사치레 선물은 연인끼리 또는 핏줄끼리 건네는 선물과는 격을 달리한다. 온라인상 '기프티콘' 웹으로 선물을 은밀하게 주고받다가 요즘은 쿠팡을 통하여 노골적으로 선물이 오간다. 번거롭게 만나서 눈빛으로 건네는 수줍음과 떨림은 청승맞은 일이고 선물을 품격 있게 포장하려는 마음 씀씀이도 거추장스러운 사치로 여길지 모른다. 실속과 실용에 길들여진 세상이다.

　되돌아보니 내가 선사한 것보다 선물을 받은 적이 많은 것 같다. 가족으로부터 받은 선물 중에는 훗날 손주에게 유품으로 남겨도 좋을 만큼 의미 있는 값진 선물도 더러 있다. 소중하게 간직하고 고운 때를 묻히는 중이다.

　아무것도 가진 것이 없던 때 마음으로 선물한 그림 액자가 인연 길 따라 한 지붕 아래 함께 지켜볼 줄은 그때는 상상하지 못했다. 그림 액자도 세월만은 비껴갈 수 없었던지 거슬거슬 낡고 퇴색되어 고태가 묻어난다. 한 쌍의 사슴도 느릿느릿 늙어가 수척해 보이고 솔가지가 휘어진 노거수가 거친 바람에 힘겨워 보인다. 그림에도 세월이 얹혀 흐른다.

　우리 부부도 사슴처럼 같은 곳을 바라보며 정성껏 살아왔다. 미운 정 고운 마음이 교차하는 애증의 강을 함께 건너와 결혼 50주년인 금혼식을 앞두고 있다. 어느덧 섬돌 아래 세월의 그림자가 저뭇하게 드리웠다. 시구처럼 모가지가 길어서 슬픈 사슴처럼 언젠가는 황량한 초원에서 향기로운 관을 탈피하고 쉬어야 할 날이 다가오고 있음을 깨닫는다.

　액자 속의 한 폭의 그림이 시사하듯, 남남이 연인으로 만나 부부의 연을 맺고 사랑으로 낳은 자식들이 아들딸 낳아 노부부에게 여섯 명의 손자 손녀를 안겨주었다. 그림 액자가 맺어준 아내와의 결혼이 내 생애 최고의 선물이라 여긴다. 이보다 더 큰 은혜로운 축복은 없다.

　나는 어느새 나의 걸작이 된 고화를 어루만지며 멀어져 간 세월 저편의 머무르고 싶은 순간들을 회상하며 가족과 함께한 세월에 감사한다. 선물은 언제나 가슴 설렘으로 다가와 아랫목의 따뜻한 온기로 오래오래 남는다.

가까이하기에는 먼 당신

그녀를 품고 살다 보니 더러 피곤하다. 나에게 짜릿한 희열을 안겨주기도 하지만 맑은 날 여우비 내리듯 흔한 일은 아니다. 그런 유열을 느끼려면 먹잇감을 포획하려는 송골매의 눈으로 깨어 있어야 한다. 구름처럼 피어올랐다가 바람 속으로 흩어지는 망념을 달래고 무료한 일상에서 빛나는 반란을 싹틔워야 한다.

그녀는 주야장천 그림자처럼 달라붙는 찰거머리다. 질척대고 성가시지만 쉽게 떨칠 수 없는 연분이기에 매일 밤 동상이몽을 꿈꾼다. 혹여 내가 엉큼한 생각으로 덥석 안으려 해도 미꾸라지처럼 품속을 교묘히 빠져나간다.

그녀는 새초롬하면서 기품이 넘친다. 나는 노상 일방적인 구애로 헛심을 쏟다가 제풀에 나가떨어진다. 나도 인간인지라 제까짓 게 뭐라고 싶어 볼멘 감정이 돋칠 때가 있다. 그럴 때는 며칠이고 찬바람이 일듯 차깔지게 돌아서면 그녀도 슬그머니 누그러진다. 언제 그랬냐는 듯이 도꼬마리처럼 가랑이에 붙어 치근대면 인간미 넘치는 나는 그녀의 속셈을 뻔히 알면서도 은근슬쩍 넘어간다.

그녀는 밀당의 고수다. 다가가면 반기는 척하다가도 방심하면 삐치고 토라진다. 어설픈 심정을 고백하거나, 늦은 밤 한껏 들떠 은밀하게 수수授受한 밀어도 아침이면 객쩍은지 얼굴을 붉히며 외면한다. 수정처럼 맑고 투명하지만, 크리스털 그릇처럼 다루기 힘들다.

그녀는 때때로 나를 유혹하며 꼬드긴다. 속내를 짓누르는 누름돌을 걷어내라며 쉼 없이 보챈다. 심지어 겹겹이 걸친 옷가지를 벗기려 들지만, 벌거벗은 임금님이 되어 세상 밖으로 걸어갈 용기가 없어 주춤거린다. 된장독 깊숙이 박아둔 장아찌를 혼자서 음미하며 즐기고 싶은 것이다. 때로는 속을 다 긁어내어 풀어헤치려 해도 필력이 따라가지 못해 목에 걸린 가시처럼 거치적거린다. 자연히 군말이 늘어져 글이 옹색하고 게저분해진다.

그녀는 애물단지다. 달래고 토닥거려도 언제 심통을 부릴지 모른다. 함께 지내면서도 신경이 쓰여 힘에 부치고 떨쳐내기에는 도타운 정분이 그렁그렁하다. 그녀가 곁에 없다고 생각하면 살아가는 의미가 공허하고 무연해진다. 그러다가 어느 날 문득 단정한 그녀의 옷고름이 스르르 흘러내리는 야반

삼경, 글 쓰는 자만이 누리는 황홀한 글맛에 취한다. 한 편의 글은 이렇듯 생눈길에 쌓인 숫눈처럼 소리 없이 내려앉아 나를 설레게 한다.

건들멋에 들뜨며 글밭에 뒹군 지 여러 해 되었다. 내 몸에 배어 있는 비릿한 풋내를 여태껏 털어내지 못하고 있다. 글눈이 어두워 고랑과 이랑을 경계 짓는 글마디가 선연찮아 문맥을 제대로 드러내지도 못한다. 지천으로 널려 있는 글거리도 제 것으로 해석하는 창의력이 부족하니 남의 글에 미혹되어 넘성댄다.

첫 글머리는 흡인력이 강한 문장이어야 하지만 뜻대로 되지 않는다. 글마루는 나무속의 고갱이로 심지이자 알박기 같은 것이다. 배의 용골이며, 사람에게는 중심을 잡아주는 척추 같은 것이어서 글마루를 끌어가는 뒷심이 부족하면 글발은 누구의 오줌발처럼 허약해진다.

말귀는 철석같이 알아들으면서도 글귀가 멀어 제대로 써 내려가지 못한다. 글동냥 하나만은 진심이었지만 글치레에 치중하면서 정작 글다듬기를 소홀히 하여 글턱에 넘어지기 다반사다. 다 말하지 않는 여백, 깐줄기의 진수를 터득하기에는 나의 붓심은 아직도 어설프고 군짓지다.

작가라는 허명에 눈이 멀어 이름값하려고 이 밭 저 논 사랫길을 서성거리다 논두렁콩밭만 짓이기고 있는지도 모른다. 콩깍지가 아궁이에서 제 화력만 믿고 타닥타닥 가마솥 콩을

삶아대지만, 사방으로 콩 튀기는 소리만 요란할 뿐이다. 때때로 질박한 흙의 언어가 한 줄의 문장이 되고 한 편의 글이 탄생할 때, 온몸은 환희로 전율한다.

  그녀 곁에 있으면 떡잎이 움트는 생명을 느낀다. 사람에게는 예기치 못한 운명이 기다리고 있는 모양이다. 내가 몇 년 전만 해도 감히 꿈꾸지 못한 곳을 향하여 걸어가고 있는 것이 그 증거다. 곱다시 내 허영과 공명심이 불러일으킨 글 도랑에 인연의 다릿돌이 놓여 있지 않았다면 건널 수 없는 물길이었다.

  어느덧 채마밭에 들어와 흙과 자갈과 거름 속에 발등이 깊숙하게 빠져들어 되돌아가기에는 너무 멀리 왔다. 코뚜레에 뚫린 망아지처럼 이끌려 다니기에는 남은 날이 한가롭지 않다. 풀숲을 헤치고 글밭에서 씨를 뿌리고 열매를 거두기에도 버거운 세월이다. 그 길이 때로는 뿌연 안개 속같이 허망하지만, 서늘하게 글때를 묻히며 앞서간 문도의 뒤를 더듬으며 갈 일이다.

  하지만 그녀, 당신은 여전히 쌀쌀맞고 가까이하기에는 너무 먼 곳에 있다.

작품해설

■ 작품해설

해학담론과 존재성 회복
― 이삼우 수필집 《졸졸붓》의 진경

김정화
문학평론가, 동의과학대학교 외래교수

1. 수필, 대상과 '관계맺기'

세상의 모든 존재는 서로 유기적인 관계 속에서 영향을 주고받으며 변화와 순응한다. 인간 역시 대상과 '관계맺기'를 통해 경험하고 인식하여 내면세계를 구축한다. 그것은 누구나 의미 있는 삶을 살고자 하는 욕구가 있기 때문이다. 좀 더 나은 삶을 살기 위해서라면 계속해서 삶의 본질에 대해 고찰하여야 한다.

그 중심에는 언제나 존재에 대한 근원적 물음이 따른다. '있다는 것은 무엇인가'라는 의문은 인간의 특징으로써 반드시 필요하지만, 가장 어려운 질문이라고도 할 수 있다. 그에 대한 답은 누구도 명확히 제시할 수 없으며 늘 불확실하고 유동적이며 다의적인 해석이 얼마든지 가능하다. 하이데거는 "존재와의 만남은 내재적이며 초월적이다. 왜냐하면 이미 존재는 이해되어 있으면서도 우리가 이해하려고 하면 그 범위를 벗어나 있는 초월이기 때문이다."라는 현상학적 표현을 하였다. 즉, 존재의 개념은 반드시 이론을 통해서 증명될 수 있는 것이 아니라, 일상에서 존재를 만나며 존재는 항상 우리 안에 머물러 있음을 일컫는다.

그럼에도 불구하고 자신을 둘러싼 외부와의 관계를 끊임없이 파고들어 자신이라는 존재를 규명하고자 노력하는 자가 인간이다. 대상을 배제하고는 자신을 이해할 수 없고 대상을 바탕으로 삶을 이해할 수밖에 없다. 더구나 작가라면 안팎으로 인식한 삶의 진경을 자신만의 언어로 풀어놓게 된다.

이삼우 수필가 또한 수필집 ≪졸졸붓≫에서 사람과 사물과 공간이라는 외물外物적 대상을 통해 자신의 존재성을 사유하고 인식하였다. 그의 수필관을 엮은 〈가까이하기에는 먼 당신〉에서 밝혔듯이 그에게 수필은 "애물단지"이며 "찰거머리"이지만, "곁에 있으면 떡잎이 움트는 생명"을 느끼게 되는 존재이다. 그러니 "한 줄의 문장이 되고 한 편의 글이 탄생할 때, 온몸은 환희로 전율한다."는 고백이 눈물겨운 것이다.

그가 독특한 개성으로 서사를 펼쳐가는 동력에는 해학이라는 단단한 중심추가 놓여 있다. '나'라는 존재의 실존적 조건들을 질문하고 해답을 찾는 과정을 비유적 화법과 함께 웃음을 담은 해학적 문체로 그려냈다는 점이다. 이에 해학담론과 존재의식으로 직조된

이번 수필집을 통해 작가의 문학적 결실을 살펴보고자 한다.

2. 삶의 진경과 존재의식

인간이란 본질적으로 개별화된 개체이다. 그러므로 각자가 서로 다른 운명이 있고 사유 방법이 다르며 인간성의 차이가 존재한다. 운명적으로 같은 시공간에서 같은 체험을 하고 놀라울 만큼 똑같은 감정을 획득하더라도 개인의 관념에 따라 해석과 서술은 달라진다. 그것이 창작과 접목되었을 때 예술작품은 독창적인 내면 의식을 형성하고 표현하게 된다. 더욱이 언어로 하는 문학창작이라면 작가의 창작 방향과 문학적 가치관을 확연히 알 수 있다.

글은 말에 의해 발생했지만 일회성으로 각인되는 구어와는 달리, 자신만의 사유 방식을 문자언어로써 텍스트에 영원히 남기게 된다. 곧 심상心象이 표출되어 각자의 내적 세계관이 드러나게 되는 것이다. 그 과정에서 독자는 각양각색의 삶의 양태를 접하여 다양성과 차이를 인정하게 되고, 작가는 자기 자신의 존재성을 구현한다. 그 점을 작가의 등단작이자 표제작인 〈졸졸붓〉을 통해 확인할 수 있다.

> 장인정신의 손길과 혼이 담긴 예술품이다. 검집에서 전광석화같이 칼을 뽑아 상대를 겨누는 것이 검법의 생명이라면, 몽블랑 만년필은 뚜껑 윗부분을 천천히 돌려 삼각편대 일지창一枝槍이 드러날 때까지 느림의 미학을 추구한다. 인생을

관통하면서 마주치는 결단의 순간, 글을 쓰거나 서명할 때도 '거스르며 서둘지 말라.'라는 우생마사牛生馬死의 뜻이 펜심을 여는 나선螺線 결에 숨어 있는 것이 아닐까. 촌철살인, 촌철활인같이 사람을 죽이고 살릴 수 있는 펜의 위력은 검보다 강하다.

– 〈졸졸붓〉 일부

화자는 삼십여 년 공직생활에 대한 포상으로 스스로에게 몽블랑 만년필을 선물한다. 본문에도 표기했듯이 만년필은 '물이 졸졸 흐르듯 붓 가는 대로 써진다.'는 의미로 '졸졸붓'으로도 불린다니 이보다 근사한 제목이 있을까 싶다. 그는 세상에 단 하나뿐인 이 명품 만년필과 작가로서의 반열에 오른 자신과의 관계성에 주목하며, 펜과 검의 위력을 재단하지 않을 수 없다. 권력은 총칼에서 나오지만 사상과 저술이 무력보다 더 큰 영향력을 미친다는 것은 당연한 일임을 되짚으며 글을 쓸 때 "진중하고 심사숙고"할 것임을 다잡는다. 나아가 〈노필의 품격〉으로 승화되어 먼 훗날 "아들의 아들이 할아버지가 남긴 만년필로 글을 쓰며 가끔은 그리워할 것"이라는 소망으로 견고한 자의식을 구축한다.

이삼우 작가의 내면의식은 끊임없이 타자와의 관계와 성찰을 통해 변모한다. 그 기저에는 탄탄한 가족이 배경으로 등장할 수밖에 없다. 〈졸의 전성시대〉에서 "애국자 집안"임이 드러났듯이 본인은 물론 모두 육군 병장으로 만기 전역한 듬직한 세 아들이 가문을 지키고, '서문'에서 밝혔듯이 후원자들인 며느리들과 함께 어느덧 "여섯 아이"나 되는 손주들이 마음을 달뜨게 한다. 물론, "고결한 학인學人으로 영면에 드신 지 이십여 년"이 된 선친과 헛간의 구동驅動 가마니틀을 돌리던 풍호댁 어머니의 삶을 이루 다 해량치 못하지만, 무엇보다 〈분방分房〉으로써 글방을 내어주고 평생 "헌신과 정성으로 건강을 돌봐준" '윤 여사'의 노고를 잊을 수 없다.

> 나는 술을 즐긴다기보다 좋아하는 사람과 분위기에 흠뻑 취하는 사람이다. 사람이 곧 술이고 안주이며 인생이라는 주선의 도를 외치는 남편을 이성적으로 받아들이기가 쉽지 않았을 것이다. 눈에 콩깍지가 씌는 현상이 없었다면 윤 여사는 지금 내 앞에서 해장국을 끓이고 있지 않았을지도 모른다. 혹여 빈구석이라고는 없는, 술 한잔 입에 대지 않는 맑은 영혼을 지닌 남편을 만났더라면 지금쯤 어떻게 살고 있을까 궁금해진다. 좀 갑갑하게 살고 있지 않았을까. 술 몇 잔에 호기부리는 남편이 밉상이지만 다음날, 또 다음날도 눈치 없이 해장국을 후루룩 들이키는 순둥한 모습이 얼마나 인간적인가.
>
> — 〈윤 여사네 성주탕〉 일부

아내의 정성에 감읍한 화자가 성주탕 앞에서 "걸신 걸린 듯 밥 한 공기는 거뜬하게" 해치우는 모습을 짐작게 하는 맛깔스러운 문장이다. 세상이 아무리 변했다고 해도 부부는 여전히 아름다운 이름이고 해로한 노부부라면 연대의식으로 묶인 평생동지로서의 위대한 관계망이 성립한다. 그러한 자장磁場은 술꾼의 가슴을 뜨겁게 데워서 "성주탕도 못 얻어먹는 이 땅의 애주가들이여. 마땅히 서러워하며 술을 끓을지어다."라는 전언으로 애처愛妻를 치올려주게 되는 것이다.

아울러 한 세대를 건너뛰는 손자에게 내보이는 사랑은 고례의 시동尸童 습속을 떠올릴 만큼 경건하다. 고대인들은 손자란 조부를 대신하는 인물로 보았다. 그리하여 조상을 제사 지낼 때 신령을 대신하여 손자를 앉히고 음식을 대접했다. 즉, 시동이 먹은 것을 어버이가 드신 것으로 여겼다 하니, 오늘날 할아비가 맨발로 손자를 맞는 것은 당연한 이치라고 하겠다.

> 마침내 벨이 요란하게 울린다. 딩동! 딩동! 서열 1번이 자신의 존재감을 알리며 까치발로 초인종을 눌러 댄다. 황급히 문을 열어주자, 무소불위 손자가 며느리 손을 잡고 현관으로 들어선다. 졸지에 서열 3위로 밀려 나간 아들이 유아용품 가방을 들고 뒤따라 들어온다. 녀석이 할아버지와 얼굴이 마주치자마자 재첩같이 앙증맞은 눈을 반짝이며 느닷없이 총을 쏘아댄다.
> "할부지, 빵! 빵!"
> 나는 그만 정신을 잃고 앞으로 푹 꼬꾸라진다.
> — 〈센 녀석이 온다〉 일부

인용 대목을 읽고 웃지 않는 독자가 있을까. 이 순간을 위해 부부는 "암묵적 역할 분담대로 일사불란하게" 대청소를 진행했음은 자명한 사실이다. 한 인물의 인품과 인간적인 면모까지 살피려면 교유하는 인간관계를 통해 알 수 있다고 했다. 화자가 어떤 인물을 만나서 어떠한 교감을 하였는가. ≪졸졸붓≫에 게재된 몇 편의 작품에서 그 해답을 찾을 수 있다. 그에게는 오십 년 전부터 도원결의로 〈다섯이 하나되어〉 의형제를 맺은 막역지우들이 있다. "손위인 나는 잘난 구석이 없는지라 아우들의 의견을 존중하고 중의에 따랐다."는 겸양과 중도를 지키는 그를 "우유부단하다고 여기지 않고 깍듯이 예우하"는 아우들이 있어 작가의 노후는 "꽃피운 인생"이라 일컬을 만하다. 그러나 백아와 종자기에 비유할 만큼 우의를 다져온 벗이자 누이의 남편이며 조카의 아버지를 잃은 추모 글 〈4월의 바람꽃이 되어〉 앞에서는 절현絕絃의 소리가 들리는 듯 비감하다. 〈군사 우편〉에서는 반세기 전에 "군사 우편으로 반송되어 온 서한을 지금껏 간직하고 있"는 친구와의 일화가 실렸고, 〈황금 열쇠〉에서는 인생에서 귀함은 지기가 있기 때문[人生所貴在知己]이라는 고사가 저절로 연상된다.

    마른침을 꿀꺽 삼키고 전화기를 들었다. 경상도 특유의 목쉰 듯 걸걸한 C의 목소리가 전화기로 흘러나왔다.
    "니 급한 일 생겼제?"
    첫 마디가 족집게 같은 송곳 질문이다. 역시나. 사업가 내 친구는 축이 남달랐다. 어영부영 운 좋게 사업에 성공한 사람이 아니라는 이야기다. "그래, 사실은…." 나는 잔뜩 흥분되어 전세금이니, 신용 불량이 어찌고저찌고 횡설수설해댔다. 그는 다 듣지도 않고 대뜸 "알았다. 내가 해주마." 한다. 액수도 말하기 전이었다.

- 〈황금 열쇠〉 일부

누구나 살면서 변수를 겪기 마련이다. 더군다나 급전이 필요한 경우라면 난감하기가 이를 데 없다. 상대에 대한 믿음이 없다면 부탁과 허락이 성립되지 않는다. 화자가 새 아파트 입주 시 전세금을 찾지 못해 은행 대출금 상환에 비상이 걸렸다. 자신을 구원해줄 금맥을 들추어 "활생부"를 만들고, 그들은 "흑기사"로 "구원투수"로 기꺼이 뜨거운 의리를 보여주었다. 그러기에 이삼우 작가는 다양한 서사적 스펙트럼으로 현시現示하고, 수필이라는 언표로써 스스로의 실존을 정의하게 되는 것이다.

3. 해학담론과 문체의 융합

이삼우 수필의 특징에서 빠트릴 수 없는 점은 해학과 기품이 담긴 밀도 있는 문체를 구사한다는 점이다. 낯익은 일상의 이야기이든, 생경하고 낯선 삶의 경험이든, 비애와 역경의 서사까지 시공간적 한계를 극복하고 웃음으로써 껴안는다. 숭고, 우아, 비장, 골계로 나뉘는 문학의 미적 범주에서 해학과 풍자는 골계의 하위요소로 구분한다. 다만, 풍자가 야유와 조소 그리고 비난이나 공격에 초점을 둔다면, 해학의 태도는 현실을 우스꽝스럽게 드러내며 의미를 반전시켜 공감의 정서를 불러일으키는 데 목적이 있다. 현실의 불합리 앞에서도 보복의 방식이 아니라 익살과 과장을 통해 현실을 왜곡함으로 통쾌함을 제공하는 것이다.

〈줄탁동시〉는 현대인이 엘리베이터에서 흔히 겪는 에피소드를 단수필로 엮었다. 달려오는 사람을 위해 급히 문을 열어준다는 것이 그만 닫힘 버튼을 누르는 실수를 할 때가 있지 않은가. 화자의 이타 행동이 무색하게도 오해를 불러일으켰다.

> 아뿔싸! 열림 단추를 본능적으로 화다닥 다시 눌렀다.
> 줄탁동시啐啄同時.
> 자신의 힘으로 닫힌 문을 열었다고 철석같이 믿는 여인은 잘생긴 나의 낯짝이 얄미워서 한 대 쥐어박고 싶은 게다. (중략) 버선코를 까뒤집을 수도 없는 노릇이라 코를 박고 모르쇠로 시치미 뚝 떼는 수밖에.
> 엘리베이터가 지상에 닿자 암팡진 그녀, 암탉처럼 나를 한 번 힐끗 쪼아보고는 푸드덕 홰를 치며 날아가 버린다.
> 삐약, 삐약, 나 어쩌….
>
> — 〈줄탁동시〉 일부

독자는 마치 현장에 있는 듯한 착각을 일으키며 파안대소하게 된다. 그 이유는 순간을 포착한 작가의 센스 있는 필력에 대한 감탄이기도 하지만, 문장을 읽어 내려가면서 안팎 어느 쪽이든 일종의 감정이입 상태에 접어든 까닭이겠다. 얼마나 불신이 만연한 세상인가. 위험의 유발은 다양해졌으니 좁은 승강기 안은 더욱 불안한 공간으로 특정짓는다. 낯선 자들끼리의 대면은 불편과 무관심을 넘어 호의마저도 의심으로 변모시켜 타인을 완벽하게 차단시킨다. 그 점을 작가는 해학의 방식으로 풀어보고자 능숙하게 독자의 참여를 유도하고 있는 것이다. 뿐만 아니라 〈어목혼주〉를 통해서는 짝퉁으로 가짜가 혼란스러운 세상에 대한 경고를, 〈여의도 수박〉에서는 정치인의 낯 뜨거운 계파 싸움질에 대한 일침을, 〈촉루燭淚〉에서는 민족 분열을 걱정하는 애국심이 유장하게 녹아 흐른다.

 수필이 독자의 호응을 얻으려면 소재나 내용으로 공감대를 형성해야 한다. 그런 점을 미루어볼 때 아직까지 골프를 소재로 엮은 글이 호평받은 예는 드물다. 대체로 경기의 수순을 지루하게 설명하거나 어려운 용어를 나열하며 애호가임을 밝히는 정도에서 그쳤다. 그러나 홀컵 앞에서 번뇌 망상에 꺼들리는 마음을 익살로 풀어놓은 〈홀컵과 백팔번뇌〉라든지, "나는 비룡飛龍의 알, 와이번 wyvern의 후예다."라며 골프공을 화자로 서술한 〈비룡이 나르샤〉를 읽는다면 그동안의 선입견이 불식될 것이다.

   탱글탱글한 내 엉덩이가 불에 덴 듯 얼얼한 타격이 가해지
  면서 창공을 향해 두둥실 치솟아 오르고 있었다. 황홀난측,

무아지경이다. 그린을 향하여 높게 포물선을 그리며 비상하는 동안 정신을 다잡고 내가 뛰어내려야 할 그린을 내려다보았다. 실수 없이 연착륙해야 한다는 일념에 온몸이 감겨드는 것 같았다. 고양이가 사뿐히 내려앉듯 홀컵 근처에 착지하여 또르르 홀컵으로 쏙 빨려 들어갔다. 아니 나 스스로 굴러 들어갔다고 해야 옳다. 댕그랑! 홀컵에서 경쾌한 금속음이 울렸다.

홀인원이다! 홀인원!

― 〈비룡이 나르샤〉 일부

"태생적으로 박복하게 태어나 필드에서도 장돌림 신세"로 고달픈 생이었건만, "주인님"의 호쾌한 드라이버 샷에 운명이 바뀌었다. 그동안의 망신과 무시와 절망을 이겨낸 결과이니 "인생이란 끝날 때까지 끝난 것이 아니"라는 진언을 얻게 된다. 그것은 곧 "비룡"으로 깨어나고픈 작가 자신의 희원이기도 하다. 나아가 거울을 통해 "안면지도顔面之圖"를 그리는 작가적 개안을 살펴보기로 한다.

지금 거울에 비친 사내의 낯빛은 어떠한가. 조붓한 얼굴 곳곳에 밉상이 흐른다. 세월에 치여 모난 성품도 곰삭고 편안한 얼굴이 될 나이지만 이마에는 골주름이 깊이 파여 심술이 꼬물거린다. 염치없이 눈썹에는 성글게 희끗희끗 서리가 내려앉았다. 변변한 글 한 편 엮지 못하는 주제에 마량馬良의 백미白

眉 앞에서는 민망한 일이다. 갈고랑이보다 더 작아진 거적눈 주위에는 실금이 꼼지락거린다. 입 언저리는 심술궂은 노틀인 양 팔자주름이 서슬 푸르고 검버섯도 궐기하듯 여기저기 돋치고 있다. 허리는 산자락 휘듯 굽어간다.

- 〈거울 전 상서〉 일부

 화자는 "거울 속 허접한 얼굴이 나 자신임을 깨닫는 순간 한숨이 절로 나온다."고 했다. 거울이란 단순히 물상이라는 기호를 넘어선다. 나르시시즘적 존재의 주체와 그 주체에서 떨어져 나간 시선이 다시 반사되는 곳이다. 이것을 라캉식으로 설명한다면 전자는 '시선'으로서 주체의 지향성이 담긴 것이며, 후자는 '응시'로서 거울 속에 비춰진 타자로부터 주체에게 던져지는 것이라 할 수 있다.
 이 부분을 〈거울 전 상서〉에 대입시킬 때 거울을 본다는 것은 거울 밖의 세계와 거울 안의 세계와의 소통이다. 화자는 얼굴이라는 노출의 자화상을 통해 "모난 성품"과 "심술"과 지난 "행적"까지 응시하여 자신을 "영락없는 속물 덩어리"로 표상한다. 이것은 눈을 뜨면 누구나 거울 속 모습을 볼 수 있지만, 마음의 눈을 뜨지 않으면 결코 진실된 자기 모습을 볼 수 없다는 것을 드러낸 결과라고 하겠다. 이러한 자화상을 치밀하게 투영한 점을 주목하며 화자의 금연기禁煙記를 재확인한다.

 몸 곳곳에서 이상 징후가 드러나면서 온몸이 금연을 보채

고 있었다. 결단해야 할 순간이 다가오고 있었다. 술이나 마
작이나 바둑 등 니코틴 유혹이 강렬해지는 현장 상황에서 일
도一刀해야만 금연에 성공할 확률이 높다. 과감하되 기습적인
일격에 끊어내지 않고는 실패한다는 것을 경험으로 알고 있었
다. 아리랑 담뱃갑째로 가위로 싹둑 동강냈다. 한 허리가 잘
려 나간 담배 개비가 사방으로 흩어져 낭자했다. 마음의 미혹
도 죽도竹刀로 한칼에 베어버렸다. 수십 년을 이어온 악의 고
리를 쳐내는 일이었다.

— 〈한칼에 베다〉 일부

  이쯤 되면 담배는 기호품이 아니라 독毒이 된다. 하루에 두세 갑
을 피워대니 아무리 튼튼한 몸이라도 버텨낼 재간이 없다. 금연의
실천은 실성의 경지까지 유혹하지만 화자는 기어코 "니코틴 대첩"
을 승리로 끌어내면서 아내에게 '미스터 한칼'이라는 별호까지 얻
게 된다. 이는 정신적 영역이 물질적 탐욕을 격멸시킬 수 있음을 증
명하는 것으로, 비단 담배라는 이미지에 국한되지 않고 삶에서 해
악을 끼칠 수 있는 것은 언제든지 정화시킬 수 있다는 점을 암시한
다.
  하지만 인생에서 풍류마저 없다면 얼마나 삭막한 일인가. 이삼우
작가가 〈불나비〉를 애창하고 〈술잔 속의 폭풍〉에서 화합주를 드는
것은 동락同樂의 의미이며, 〈석심〉으로 위로받고 외숙부 내외의 단
칸방에 놓였던 〈앉은뱅이책상〉을 그리며 〈댕기 등대〉를 찾아 올레

길 순례자가 되는 까닭은 독락獨樂의 흥취를 알기 때문이다. 더불어 유쾌하고도 진지한 문향과도 동반하고 있으니 진정 현대의 낙지자樂支耆라고 하겠다.

4. '수필가', 거룩한 이름 앞에

이삼우 작가의 수필집은 독자를 끌어당기는 힘이 있다. 그 자력은 흥미로운 사건 전개나 진지한 해석력 등의 요인도 있지만, 무엇보다 재미이다. 웃음을 유발하는 기지 속에 생동감 있는 인물과 능청스러운 묘사와 툭툭 내받아치는 입담과 현실을 압축한 익살이 바탕에 깔렸다.

칸트가 웃음에 대해 "무엇인가 중대한 것을 기대하고 긴장해 있을 때, 예상 밖의 결과가 나타나 긴장이 풀리며 나타나는 감정"이라 정의했듯이, ≪졸졸붓≫ 속에는 곳곳에 비예측성 웃음 지뢰가 매설되었다. 그러나 그의 해학은 궁극적으로 인간에 대한 애정과 관심이며 순간순간 자신의 존재성을 확인한 삶의 통찰이라 하겠다.

아울러 임선희 작가가 쓴 ≪四季≫ 동인지의 '격려사'를 빌려 평문을 마무리하려 한다. "그대는 수필을 쓴다. 무슨 업보인지, 문패도 번지수도 없는 수필마을에서 5년 혹은 10년 넘게 서성이고 있다. '신춘문예'에 끼어들지 못하고 명함을 박지도 못하는 문단의 사생아, 그대 이름은 수필가다."

이삼우 수필집

졸졸봇

인쇄 2024년 6월 13일
발행 2024년 6월 20일

지은이 이삼우
발행인 서정환
펴낸곳 수필과비평사
주소 서울시 종로구 삼일대로 32길 36(익선동 30-6 운현신화타워) 305호
전화 (02) 3675-3885 (063) 275-4000 · 0484
팩스 (063) 274-3131
이메일 essay321@hanmail.net
출판등록 제300-2013-133호
인쇄·제본 신아출판사

저작권자 ⓒ 2024, 이삼우
이 책의 저작권은 저자에게 있습니다. 서면에 의한 저자의 허락없이 내용의 일부를 인용하거나 발췌하는 것을 금합니다.
COPYRIGHT ⓒ 2024, by Lee Samwoo
All right reserved including the rights of reproduction in whole or in part in any form.
저자와 협의, 인지는 생략합니다.
잘못된 책은 바꿔 드립니다.

ISBN 979-11-5933-535-8 03810
값 15,000원

Printed in KOREA

본 사업은 2024년 부산광역시, 부산문화재단 〈부산문화예술사업〉으로 지원을 받았습니다.